Anabel Herreros Fernandez
Pilar Fernández-Villacañas Fernández

Evaluación de Riesgos y Planificación de Actividad Preventiva

Anabel Herreros Fernandez
Pilar Fernández-Villacañas Fernández

Evaluación de Riesgos y Planificación de Actividad Preventiva

Evaluación de riesgos laborales y Planificación de la actividad preventiva en un Servicio de Farmacia

PUBLICIA

Imprint
Any brand names and product names mentioned in this book are subject to trademark, brand or patent protection and are trademarks or registered trademarks of their respective holders. The use of brand names, product names, common names, trade names, product descriptions etc. even without a particular marking in this work is in no way to be construed to mean that such names may be regarded as unrestricted in respect of trademark and brand protection legislation and could thus be used by anyone.

Cover image: www.ingimage.com

Publisher:
PUBLICIA
is a trademark of
Dodo Books Indian Ocean Ltd. and OmniScriptum S.R.L publishing group

120 High Road, East Finchley, London, N2 9ED, United Kingdom
Str. Armeneasca 28/1, office 1, Chisinau MD-2012, Republic of Moldova, Europe
Managing Directors: Ieva Konstantinova, Victoria Ursu
info@omniscriptum.com

Printed at: see last page
ISBN: 978-620-9-14713-5

“Evaluación de riesgos laborales y Planificación de la actividad preventiva en el área de farmacotecnia en un Servicio de Farmacia AHF, S.L”

ÍNDICE

1.- SÍNTESIS

El tema principal del trabajo se centra en la realización de una evaluación de riesgos, abordada desde las tres disciplinas preventivas, seguida de la planificación de actividades preventivas en el campo de la farmacotecnia dentro de un Servicio de Farmacia (SF).

La evaluación de riesgos que se aborda en este proyecto está desarrollada en las tres disciplinas preventivas principales: Seguridad en el Trabajo, Higiene Industrial y Ergonomía y Psicosociología Aplicada.

A continuación, se detallan las características principales de la evaluación realizada en cada disciplina, incluyendo su objetivo y alcance, además de la metodología empleada en cada una de las disciplinas.

- Disciplina de Seguridad en el trabajo:
    - Objeto y alcance: analizar los riesgos existentes en el puesto de "personal de enfermería" del área de farmacotecnia en un SF.
    - Metodología empleada: Método general de evaluación del INSST. Referencia técnica: DD.014. Evaluación de riesgos laborales. INSST. 1996.
- Disciplina de Higiene Industrial:
    - Objeto y alcance: análisis de la exposición a agentes químicos por parte del personal de enfermería durante la elaboración de fórmulas magistrales.
    - Metodología empleada: Método COSHH Essentials, NTP 936 del INSST para la evaluación cualitativa y Guía Técnica del Real Decreto 374/2001 para la evaluación cuantitativa.
- Disciplina de Ergonomía y Psicosociología Aplicada:
    - Objeto y alcance: evaluación de la carga física postural que soporta el personal de enfermería durante la elaboración de fórmulas magistrales.
    - Metodología empleada: Método REBA, NTP 601 del INSST.

2.- CONCLUSIONES

Tras llevar a cabo la evaluación de riesgos en el Servicio de Farmacia "AHF, S.L", queda en evidencia la existencia de riesgos en el puesto de trabajo sujeto a evaluación, lo cual puede traer consigo un daño en la salud de los empleados. En base a esto, se han propuesto una serie de medias y controles preventivos, seguido de la planificación de la actividad preventiva que corresponde.

- En lo referente a la disciplina de Seguridad en el Trabajo se han evidenciado una serie de riesgos en el puesto de trabajo de enfermero elaborador de fórmulas magistrales. Destacan algunos riesgos como el de caídas al mismo nivel por derrame de sustancias, cortes por herramientas debido a un uso inadecuado o mal estado de las mismas o contactos térmicos por el uso de estufas o derrame de sustancias a altas temperaturas. Otros riesgos destacables son la proyección de fragmentos o los golpes con objetos inmóviles.

- En lo referente a la disciplina de Higiene Industrial, la evaluación de riesgos en el puesto de enfermero en su tarea de elaboración de fórmulas magistrales, muestra un riesgo inaceptable por exposición a agentes químicos (fenol, ácido tricloroacético y yoduro de potasio). Este nivel de riesgo hace necesario la toma de medidas y controles preventivos de forma inmediata.

- En referencia a la disciplina de Ergonomía y Psicosociología Aplicada, ha sido evaluado el puesto de enfermero elaborador de fórmulas magistrales, evidenciándose un riesgo bajo de carga física postural por exposición a posturas forzadas durante la jornada laboral del empleado. Siguiendo el método REBA, en base a este nivel de riesgo (nivel de acción 1), la intervención y posterior análisis pueden ser necesarios.

3.- EXPOSICIÓN DE MOTIVOS

3.1.- Razones para la elección de la temática.

La motivación detrás de la elección de la temática abordada en este proyecto se fundamenta principalmente en mi posición actual como farmacéutica interna residente en el ámbito hospitalario.

He adquirido consciencia sobre los riesgos que existen en áreas específicas del Servicio de Farmacia, particularmente en el ámbito de la farmacotecnia. En base a esto, considero de gran relevancia llevar a cabo una evaluación de riesgos, así como la planificación de actividades preventivas, con el objetivo de prevenir accidentes laborales.

3.2.- Objetivos.

El propósito del presente proyecto es realizar una evaluación de riesgos laborales del personal de enfermería en su labor en el área de farmacotecnia del SF. Este análisis comprenderá las tres disciplinas preventivas fundamentales: Seguridad en el Trabajo, Higiene Industrial y Ergonomía y Psicosociología Aplicada. A partir de esta evaluación, se planteará la planificación de acciones preventivas adecuadas.

4.- METODOLOGÍA

A continuación, una tabla que resume la metodología de análisis utilizada en cada una de las disciplinas preventivas:

DISCIPLINA PREVENTIVA	OBJETO Y ALCANCE	METODOLOGIA	REFERENCIAS LEGALES
Seguridad en el trabajo	Evaluación de los riesgos del personal de enfermería en el área de farmacotecnia en su labor de elaboración de fórmulas magistrales.	**Método general de evaluación del INSST.** DD.014. Evaluación de riesgos laborales. INSST.	-Ley 31/1995 de 8 de noviembre de Prevención de Riesgos Laborales. -Real Decreto 39/1997, de 17 de enero, por el que se aprueba el Reglamento de los Servicios de Prevención.
Higiene industrial	Evaluación de la exposición a agentes químicos del personal de enfermería en la elaboración de fórmulas magistrales.	**Evaluación cualitativa:** Método COSHH Essentials. INSST. NTP 936. **Evaluación cuantitativa:** Guía técnica para la evaluación y prevención de los riesgos relacionados con los agentes químicos presentes en los lugares de trabajo.	-Real Decreto 374/2001, de 6 de abril, sobre la protección de la salud y seguridad de los trabajadores contra los riesgos relacionados con los agentes químicos durante el trabajo. -Ley 31/1995 de 8 de noviembre de Prevención de Riesgos Laborales. -Real Decreto 39/1997, de 17 de enero, por el que se aprueba el Reglamento de los Servicios de Prevención.
Ergonomía y Psicosociología Aplicada	Evaluación de la carga física postural del personal de enfermería elaborador de fórmulas magistrales.	**Método REBA.** INSST. NTP 601. Evaluación de las condiciones de trabajo: carga postural. Método REBA (Rapid Entire Body Assessment)	-Ley 31/1995 de 8 de noviembre de Prevención de Riesgos Laborales. -Real Decreto 39/1997, de 17 de enero, por el que se aprueba el Reglamento de los Servicios de Prevención.

Tabla 1. Metodología. *Fuente: Elaboración propia.*

5.- DESCRIPCIÓN DE LA ACTIVIDAD Y ESTRUCTURA DE LA EMPRESA / ORGANIZACIÓN:

5.1.- Datos de la empresa, actividad/es desarrollada/s y/o proceso/s productivos, estructura organizativa.

El SF “AHF, S.L” es el objeto de análisis del presente proyecto. Un SF se caracteriza por ser un Servicio General Clínico, cuya función es la gestión, provisión y control del medicamento.

Las principales actividades que se llevan a cabo en un SF son las siguientes:

- Garantizar la adquisición, custodia, conservación y dispensación de medicamentos, mediante un sistema seguro y eficaz.
- Actividades de farmacocinética clínica.
- Farmacovigilancia, con el fin de detectar posibles reacciones adversas al medicamento y aumentar la seguridad del paciente.
- Preparación, conservación y dispensación de mezclas intravenosas, medicamentos citostáticos, nutriciones parenterales, fórmulas magistrales y preparados oficinales.
- Funciones relacionadas con el correcto uso del medicamento.
- Facilitar información referente al medicamento tanto a paciente como a personal sanitario.

Estas serían, junto a otras muchas funciones, algunas de las actividades desarrolladas en un SF.

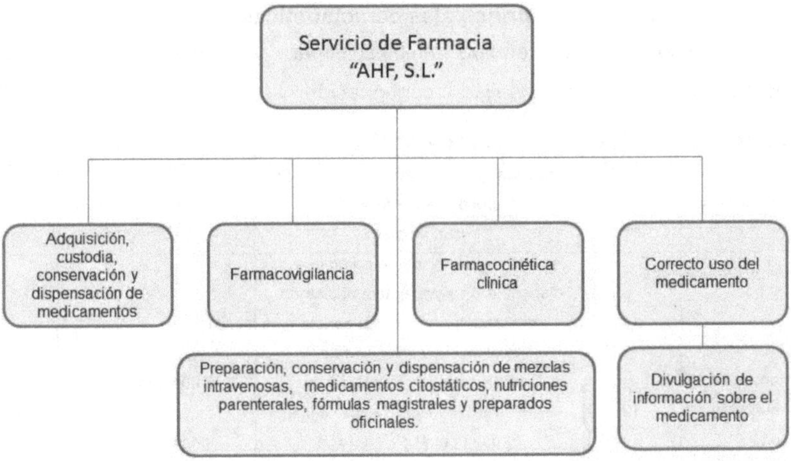

Figura 1. Organigrama del SF "AHF, S.L". *Fuente: Elaboración propia.*

5.2.- Características principales del lugar de trabajo.

El SF "AHF, S.L" cuenta con las siguientes áreas/secciones que abarcan unos 1000 m2:

- Área de dispensación, compuesta por el área donde se lleva a cabo la recepción de medicamentos y el área de preparación y almacenamiento de carros de medicación.
- Área de dispensación a paciente.
- Área de administración y gestión, compuesta por despachos tanto de personal administrativo, como de farmacéuticos.
- Almacén general, donde se almacena la mayor parte de los medicamentos.
- Área de laboratorio, formada a su vez por el área de farmacotecnia, la zona estéril y la zona de control de calidad.
- Área de farmacocinética, dotada de analizadores y procesadores de muestras.

5.3.- Puestos de trabajo y sus principales características.

El SF está formado por un equipo multidisciplinar, cuyo número de trabajadores, funciones, horarios y turnos se detallan a continuación:

PUESTO	NÚMERO	FUNCIONES/TAREAS	HORARIO	TURNO
Jefe de Servicio	1	Dirección, gestión y supervisión del SF. Control de estupefacientes y psicótropos.	8:00h-15:00h de lunes a viernes.	Jornada continua
Farmacéutico especialistas	12	Revisión y validación de tratamientos, dispensación a paciente ambulatorio, realización de informes para la evaluación y selección de medicamentos en situaciones especiales, farmacocinética clínica, farmacogenética, atención farmacéutica, investigación y ensayos clínicos.	8:00h-15:00h o 15:00h-22:00h de lunes a viernes	Jornada continua
Enfermero	6	Preparación de carros de medicación, elaboración de preparaciones estériles (fórmulas magistrales, preparados oficinales, medicamentos citostáticos, mezclas intravenosas y nutriciones parenterales), administración de medicación y control de calidad.	8:00h-15:00h o 15:00h-22:00h de lunes a viernes	Jornada continua
Técnico de farmacia	20	Control de caducidades de medicamentos, recepción y mantenimiento del inventario. Apoyo al farmacéutico en la dispensación de medicamentos. Reenvasado de medicamentos para su dispensación en dosis unitarias.	8:00h-15:00h o 15:00h-22:00h de lunes a viernes	Jornada continua
Administrativo	4	Gestión de pedidos a laboratorios, gestión de citas.	8:00h-15:00h de lunes a viernes.	Jornada continua
Celador	4	Almacenaje y distribución de medicación.	8:00h-15:00h o 15:00h-22:00h de lunes a viernes	Jornada continua

Tabla 2. Trabajadores que constituyen el SF. *Fuente: Elaboración propia.*

5.4.- Instalaciones, maquinaria, equipos, etc.

Dentro de las áreas/secciones que constituyen el SF comentadas en el punto 5.2, el SF cuenta con gran cantidad de maquinaria e instalaciones que se detallan a continuación:

- Instalación eléctrica.
- Instalación frigorífica, de almacenaje de medicamentos.
- Instalación de climatización, para mantener una temperatura adecuada que garantice la conservación del medicamento.
- Ordenadores, teléfonos, impresoras y demás material de oficina necesario en los despachos del personal administrativo y farmacéuticos.
- Armarios y estanterías para el almacenaje de medicación.
- Carros para transporte de medicación.
- Robot de dispensación de medicamentos.
- Máquina envasadora de medicación, para acondicionar fármacos en dosis unitarias.
- Cabinas de flujo laminar, para la preparación de mezclas estériles.
- Cabinas de seguridad biológica.
- Espectrofotómetro para el análisis farmacocinético.
- Campana de extracción de gases.
- Balanzas, agitadores, capsuladora, placas calefactoras y demás material necesario en el área de farmacotecnia.

6.- IDENTIFICACIÓN, EVALUACIÓN DE RIESGOS Y PROPUESTA DE MEDIDAS PREVENTIVAS

6.1.- Disciplina de Seguridad en el Trabajo

6.1.1.- Objeto y alcance

En el contexto de la evaluación de riesgos en la disciplina de Seguridad en el trabajo, evaluaremos los riesgos a los que está expuesto el personal de enfermería durante su tarea de elaboración de fórmulas magistrales en el SF.

A continuación, una ficha descriptiva en la que se plasman as características generales del puesto a evaluar:

FICHA DESCRIPTIVA DEL PUESTO DE TRABAJO	
PUESTO	Personal de enfermería encargado de la elaboración de fórmulas magistrales
AREA	Área de farmacotecnia
DESCRIPCIÓN DE LAS TAREAS	
• Mantenimiento de orden, desinfección y limpieza del área. • Control y registro de nuevas peticiones de fórmulas magistrales. • Comprobar datos de pacientes y concordancia con la hoja de elaboración de la fórmula magistral. • Elaboración de fórmulas magistrales (estériles y no estériles) estandarizadas • Acondicionamiento de las fórmulas magistrales elaboradas.	
MEDIOS/MAQUINARIA UTILIZADOS	
• Balanza de precisión • Estufa de 200°C • Placa calefactora • Hornillo • Sistemas de medida de pH • Utensilios medidores de volúmenes (probetas, matraces, pipetas) • Termómetro • Mortero (vidrio y/o porcelana) • Lentes de aumento • Moldes de supositorios/óvulos • Material de acondicionamiento (vidrio/plástico)	• Agitador • Mechero Bunsen • Llenador de cápsulas • Desecador • Envasadora en dosis unitarias (sólidos, líquidos) • Material de vidrio (vaso de precipitados, probetas, matraces, viales) • Espátulas (metal/goma) • Dosificadores de líquidos • Agujas

Tabla 3. Ficha descriptiva puesto de trabajo. Disciplina de Seguridad en el Trabajo. *Fuente: Elaboración propia.*

6.1.2.- Descripción de la metodología

Para la evaluación de riesgos referente a la disciplina de Seguridad en el trabajo, nos basaremos en el método general de evaluación de riesgos de INSST. Este método se utiliza en la evaluación de aquellos riesgos para los que no existe legislación específica o aquellos que no precisan de métodos específicos de análisis.

El método general de evaluación del INSST sigue una metodología sistemática cuya finalidad es la identificación, análisis y valoración de riesgos laborales en el entorno laboral, con la finalidad de garantizar un entorno de trabajo seguro.

La evaluación consiste en una serie de etapas:

- Clasificación de las actividades de trabajo.
- Análisis de riesgos, a siguiendo los siguientes pasos: identificación del peligro, estimación del riesgo, severidad del daño (graduado según sea ligeramente dañino, dañino o extremadamente dañino) y la probabilidad de ocurrencia del daño (alta, media, baja)

  A continuación, una tabla que recoge los niveles de riesgo en base a su probabilidad y consecuencias:

		Conseuencias		
		Ligeramente dañino LD	Dañino D	Extremadamente Dañino ED
Probabilidad	Baja B	Riesgo trivial T	Riesgo tolerable TO	Riesgo moderado MO
	Media M	Riesgo tolerable TO	Riesgo moderado MO	Riesgo importante I
	Alta A	Riesgo moderado MO	Riesgo importante I	Riesgo intolerable IN

Tabla 4. Niveles de riesgo en base a su probabilidad estimada y a sus consecuencias esperadas. *Fuente: INSST.*

- Valoración de los riesgos. En este punto, decidimos si los riesgos son tolerables o no y en base a esto se deberán mejorar los controles ya existentes o implantar nuevos controles.

  A continuación, una tabla donde se clasifican los riesgos según sean triviales, tolerables, moderados, importantes o intolerables. La tabla indica además, la acción y temporización de las acciones a realizar en base a la clasificación del riesgo.

Riesgo	Acción y temporización
Trivial (T)	No se requiere acción especifica
Tolerable (TO)	No se necesita mejorar la acción preventiva. Sin embargo se deben considerar soluciones más rentables o mejoras que no supongan una carga económica importante. Se requieren comprobaciones periódicas para asegurar que se mantiene la eficacia de las medidas de control.
Moderado (MO)	Se deben hacer esfuerzos para reducir el riesgo, determinando las inversiones precisas. Las medidas para reducir el riesgo deben implantarseen un periodo determinado. Cuando el riesgo moderado esta asociado con consecuencias extremadamente dañinas, se precisará una acción posterior para establecer, conmás precisión, la probabilidad de daño como base para determinar la necesidad de mejora de las medidas de control.
Importante (I)	No debe comenzarse el trabajo hasta que se haya reducido el riesgo. Puede que se precisen recursos considerables para controlar el riesgo. Cuando el riesgo corresponda a un trabajo que se está realizando debe remediarse el problema por un tiempo inferior al de los riesgos moderados.
Intolerable (IN)	No debe comenzar ni continuar el trabajo hasta quese reduzca el riesgo. Si no es posible reducir el riesgo, incluso con recursos ilimitados, debe prohibirse el trabajo.

Tabla 5. Clasificación de riesgos. Acción y temporización. *Fuente: INSST*

- Planificación de un plan para el control de los riesgos.
- Revisión del plan.

Destacar que la evaluación de riesgos debe ser dinámica y continua, modificando las medias según sea necesario, en base a los cambios de las condiciones laborales.

6.1.3.- Identificación y evaluación de riesgos

PUESTO DE TRABAJO	PERSONAL DE ENFERMERIA ELABORADOR DE FORMULAS MAGISTRALES						
Ubicación o Localización del riesgo	**Riesgo identificado**	**Causa del riesgo**	**Evaluación del riesgo**			**Acción preventiva propuesta (Medida Preventiva/Control Preventivo)**	**Tipo de acción preventiva**
			Probabilidad	**Severidad**	**Nivel de riesgo**		
Área de farmacotecnia	Caída de personas al mismo nivel	Derrames o suelos resbaladizos	A	D	I	Señalización de zonas resbaladizas	Técnica
						Rápida eliminación de posibles derrames	Organizativa
						Establecer protocolos para la rápida eliminación de posibles derrames	Procedimiento
						Verificación del conocimiento por parte del personal de los protocolos	Control preventivo
		Presencia temporal de objetos/herramientas en zonas de paso	M	D	MO	Señalización de posibles obstáculos	Técnica
						Revisión del perfecto estado de las zonas de trabajo	Control preventivo
	Caída de objetos/herramientas en	Manipulación manual de objetos en inadecuadas	M	D	MO	Formación del personal	Formación

PUESTO DE TRABAJO	PERSONAL DE ENFERMERIA ELABORADOR DE FORMULAS MAGISTRALES						
Ubicación o Localización del riesgo	Riesgo identificado	Causa del riesgo	Evaluación del riesgo			Acción preventiva propuesta (Medida Preventiva/Control Preventivo)	Tipo de acción preventiva
			Probabilidad	Severidad	Nivel de riesgo		
	manipulación	condiciones				Manipule de forma correcta objetos/herramientas	Norma
						Control y revisión de la correcta manipulación de objetos/herramientas	Control preventivo
	Pisada sobre objetos	Posibles obstáculos en zonas de trabajo	M	LD	TO	Señalización y rápida retirada de obstáculos	Técnica
		Falta de orden y limpieza	M	LD	TO	Adecuada limpieza y mantenimiento de la zona de trabajo	Organizativa
						Revisión del adecuado mantenimiento en el área de trabajo	Control preventivo
	Golpes con herramientas/objetos inmóviles	Posible utilización inadecuada de herramientas	M	LD	TO	Formación e información a los trabajadores	Formación Información
						Revisión del uso adecuado de herramientas/objetos por parte del personal	Control preventivo
	Choques contra objetos inmóviles	Posibles golpes con material que invade temporalmente el lugar de trabajo	M	LD	TO	Retirar elementos que invadan la zona de trabajo	Técnica
						Señalización cuando haya temporalmente material en la zona de trabajo	Técnica

PUESTO DE TRABAJO	PERSONAL DE ENFERMERIA ELABORADOR DE FORMULAS MAGISTRALES						
Ubicación o Localización del riesgo	**Riesgo identificado**	**Causa del riesgo**	**Evaluación del riesgo**			**Acción preventiva propuesta (Medida Preventiva/Control Preventivo)**	**Tipo de acción preventiva**
			Probabilidad	**Severidad**	**Nivel de riesgo**		
	Cortes por herramientas	Lesiones durante la manipulación de herramientas por mal uso	M	ED	I	Formación e información al personal	Formación Información
						Cumpla de forma estricta las normas de seguridad durante el uso del material	Norma
						Control sobre el estricto cumplimiento de las normas de seguridad	Control preventivo
		Lesiones durante la manipulación de herramientas por defectos en las mismas	M	D	MO	Correcto mantenimiento y revisión de los materiales antes de su uso	Control preventivo
		Falta o uso inapropiado de equipos de protección individual	B	D	TO	Dotar de guantes adecuados	EPI
						Control sobre el uso adecuado del EPI	Control preventivo
	Proyección de fragmentos o partículas	Estallido de recipientes por sobrepasar sus límites (presión)	B	ED	MO	Cumpla rigurosamente las normas de uso de maquinaria	Norma

PUESTO DE TRABAJO	PERSONAL DE ENFERMERIA ELABORADOR DE FORMULAS MAGISTRALES						
Ubicación o Localización del riesgo	**Riesgo identificado**	**Causa del riesgo**	**Evaluación del riesgo**			**Acción preventiva propuesta (Medida Preventiva/Control Preventivo)**	**Tipo de acción preventiva**
			Probabilidad	**Severidad**	**Nivel de riesgo**		
		Posibles defectos de conservación de utensilios	B	ED	MO	Adecuadas condiciones de conservación y mantenimiento de toda herramienta de trabajo	Organizativa
						Comprobación de la conservación y mantenimiento de utensilios y herramientas de trabajo	Control preventivo
		Falta o uso inapropiado de equipos de protección individual	B	ED	MO	Disponer de gafas de seguridad adecuadas	EPI
						Comprobación del correcto uso del EPI	Control preventivo
	Exposición a temperaturas ambientales extremas	Posible exposición a altas temperaturas dentro de la sala de elaboración	Requiere evaluación especifica	Requiere evaluación especifica	Requiere evaluación especifica	Se debe realizar evaluación de estrés térmico por calor mediante el Método WBGT (NTP 322) y, si fuera necesario, se completará mediante la determinación del Índice de sobrecarga térmica IST (NTPs 922 y 923).	Evaluación especifica
						Dotar de equipos de protección	EPI

PUESTO DE TRABAJO	PERSONAL DE ENFERMERIA ELABORADOR DE FORMULAS MAGISTRALES						
Ubicación o Localización del riesgo	**Riesgo identificado**	**Causa del riesgo**	**Evaluación del riesgo**			**Acción preventiva propuesta (Medida Preventiva/Control Preventivo)**	**Tipo de acción preventiva**
			Probabilidad	**Severidad**	**Nivel de riesgo**		
						individual adecuado a las tareas	
						Verificación del buen estado y uso del EPI	Control preventivo
	Contactos térmicos	Contacto con elementos que se encuentran a altas temperaturas	A	D	I	Dotar de equipos de protección individual adecuado a las tareas	EPI
		Salpicaduras o derrames de sustancias a altas temperaturas	A	D	I	Dotar de equipos de protección individual adecuado a las tareas	EPI
	Contactos eléctricos directos	Falta de protocolos de uso de material eléctrico	B	D	TO	Establecer protocolos/procedimientos respecto al correcto uso de material eléctrico	Procedimiento
						Verificación del conocimiento por parte del personal de todo protocolo/procedimiento establecido	Control preventivo
	Contactos eléctricos indirectos	Incorrecto mantenimiento del material	B	D	TO	Estricto control e inspecciones de todo material eléctrico	Control preventivo
	Incendios	Incendios de origen eléctrico	B	ED	MO	Correcto control y mantenimiento de instalaciones	Control preventivo

PUESTO DE TRABAJO	PERSONAL DE ENFERMERIA ELABORADOR DE FORMULAS MAGISTRALES						
Ubicación o Localización del riesgo	**Riesgo identificado**	**Causa del riesgo**	**Evaluación del riesgo**			**Acción preventiva propuesta (Medida Preventiva/Control Preventivo)**	**Tipo de acción preventiva**
			Probabilidad	**Severidad**	**Nivel de riesgo**		
		Erróneo almacenamiento de sustancias inflamables	B	ED	MO	Almacene productos y materias inflamables según los requisitos establecidos en la normativa	Norma
						Comprobación del correcto almacenaje de sustancias peligrosas	Control preventivo
	Iluminación	Posible iluminación inadecuada	B	D	TO	Instalación de iluminación adecuada en la zona de trabajo	Técnica
						Revisión del perfecto estado de las instalaciones de iluminación	Control preventivo
	Exposición a ruido	Realización de tareas con herramientas ruidosas (mezclador)	Requiere evaluación especifica	Requiere evaluación especifica	Requiere evaluación especifica	Evaluación conforme a la Guía técnica de ruido del INSST y las NTPs 638, 950 y 951.	Evaluación especifica
						Utilizar de forma adecuada las herramientas, evitando ruidos innecesarios	Norma
						Formación sobre los riesgos asociados a la exposición ruido y su prevención	Formación
	Factores psicosociales	Alta carga de trabajo	Requiere evaluación	Requiere evaluación	Requiere evaluación	Se debe llevar a cabo una evaluación específica mediante	Evaluación especifica

PUESTO DE TRABAJO	PERSONAL DE ENFERMERIA ELABORADOR DE FORMULAS MAGISTRALES						
Ubicación o Localización del riesgo	Riesgo identificado	Causa del riesgo	Evaluación del riesgo			Acción preventiva propuesta (Medida Preventiva/Control Preventivo)	Tipo de acción preventiva
			Probabilidad	Severidad	Nivel de riesgo		
			específica	específica	específica	el Método F-PSICO del INSST (NTP 926).	
						Establecer protocolos para la organización y estructuración de las tareas a realizar	Procedimiento
						Comprobación del cumplimiento de los protocolos de organización	Control preventivo
						Formación a los trabajadores sobre cómo afrontar la carga laboral	Formación
	Exposición a sustancias nocivas/tóxicas	Manipulación inadecuada de productos químicos	Requiere evaluación específica	Requiere evaluación específica	Requiere evaluación específica	Requiere evaluación especifica mediante el método COSHH Essentials del INSST (NTP 936)	Evaluación especifica
						Formación sobre el uso adecuado de productos	Formación
						Adecuadas instalaciones de ventilación/extracción de humos y gases	Técnica
						Revisión de Adecuadas instalaciones de ventilación/extracción de humos y gases	Control preventivo

PUESTO DE TRABAJO	PERSONAL DE ENFERMERIA ELABORADOR DE FORMULAS MAGISTRALES						
Ubicación o Localización del riesgo	**Riesgo identificado**	**Causa del riesgo**	**Evaluación del riesgo**			**Acción preventiva propuesta (Medida Preventiva/Control Preventivo)**	**Tipo de acción preventiva**
			Probabilidad	**Severidad**	**Nivel de riesgo**		
						Facilitar gafas/guantes/ropa de protección adecuada a la tarea	EPI
	Sobrecarga física postural	Posición adoptada durante la jornada laboral que pueda producir sobrecarga en el empleado	Requiere evaluación específica	Requiere evaluación específica	Requiere evaluación específica	Es necesaria una evaluación especifica mediante el método REBA del INSST (NTP 601)	Evaluación especifica
						Informar al empleado sobre los riesgos asociados a una mala postura durante la jornada laboral	Información
						Instruir al empleado sobre la postura más adecuada a adoptar durante la jornada	Formación
						Vigilancia periódica sobre el estado de salud de los empleados	Control preventivo
	Otros riesgos	Posibles defectos o averías en herramientas de trabajo	B	ED	MO	Establecer protocolos para asegurar el adecuado mantenimiento de las herramientas	Procedimiento
						Comprobar el adecuado mantenimiento de las herramientas y utensilios de trabajo	Control preventivo

PUESTO DE TRABAJO	PERSONAL DE ENFERMERIA ELABORADOR DE FORMULAS MAGISTRALES						
Ubicación o Localización del riesgo	Riesgo identificado	Causa del riesgo	Evaluación del riesgo			Acción preventiva propuesta (Medida Preventiva/Control Preventivo)	Tipo de acción preventiva
			Probabilidad	Severidad	Nivel de riesgo		
		Falta de información a los trabajadores sobre los riesgos asociados s u puesto	M	D	MO	Mantener informados a los empleados sobre los riesgos asociados a las tareas que desempañen (hojas de información, sesiones informativas)	Información
						Comprobar que el empleado conoce y entiende los riesgos a los que está expuesto	Control preventivo
		Compartir EPI	M	ED	I	Los EPI no deben compartirse, son de uso personal	Norma
						Vigilancia sobre el uso personal del EPI	Control preventivo

Tabla 6: Identificación y evaluación de riesgos siguiendo el método general del INSST. *Fuente: Elaboración propia.*

6.2.- Disciplina de Higiene Industrial

6.2.1.- Evaluación higiénica del riesgo de exposición a riesgos químicos.

6.2.1.1.- Objeto y alcance

El objeto del presente apartado referente a la disciplina de Higiene Industrial es la evaluación de la exposición a riesgos químicos en el puesto de enfermero en la tarea de elaboración de fórmulas magistrales. En este contexto, se va a evaluar la exposición a tres productos químicos específicos.

Una fórmula magistral consiste en una preparación farmacéutica individualizada que se elabora siguiendo una receta prescrita por un profesional sanitario autorizado. Se trata de preparaciones que se llevan a cabo bajo estrictas normas de calidad y seguridad, y son elaboradas por personal capacitado, en el caso que nos compete, por personal de enfermería.

A continuación, una ficha de información sobre el puesto de trabajo a evaluar:

<table>
<tr><th colspan="2">FICHA DESCRIPTIVA DEL PUESTO DE TRABAJO</th></tr>
<tr><td>PUESTO</td><td>Personal de enfermería encargado de la elaboración de fórmulas magistrales</td></tr>
<tr><td>AREA</td><td>Área de farmacotecnia</td></tr>
<tr><th colspan="2">DESCRIPCIÓN DE LAS TAREAS</th></tr>
<tr><td colspan="2">• Mantenimiento de orden, desinfección y limpieza del área.
• Control y registro de nuevas peticiones de fórmulas magistrales.
• Comprobar datos de pacientes y concordancia con la hoja de elaboración de la fórmula magistral.
• Elaboración de fórmulas magistrales (estériles y no estériles) estandarizadas para cada paciente.
• Acondicionamiento de las fórmulas magistrales elaboradas.</td></tr>
<tr><th colspan="2">CARACTERISITICAS DE LA EXPOSICIÓN AL RIESGO</th></tr>
<tr><td>Fuentes de exposición</td><td>Contacto con:
- Principios activos y excipientes
- Productos de limpieza y desinfección
- Disolventes y solventes
- Aerosoles y vapores</td></tr>
<tr><td></td><td>En base a sus tareas de preparación de fórmulas magistrales, así como limpieza y</td></tr>
</table>

FICHA DESCRIPTIVA DEL PUESTO DE TRABAJO	
Tiempo de exposición	desinfección del área principalmente, el tiempo de exposición a agentes químicos puede oscilar entre un 80-90% del total de su jornada laboral (7h), lo que equivale a unas 5-6h de exposición diaria aproximadamente.
Tipo de exposición	Exposición accidental - Derrame de sustancias - Rotura de EPI - Reacciones químicas inesperadas - Salpicaduras
Agentes concretos de exposición	- Ácido tricloroacético (ácido y corrosivo) - Yoduro de potasio (irritante) - Fenol (tóxico y corrosivo)
Protección	- Gafas de seguridad, si procede - Pijama con puños ajustables de uso exclusivo o desechable - Mascarilla protectora - Gorro - Guantes - Calzado de uso exclusivo o cubrezapatos desechables

Tabla 7: Ficha descriptiva puesto de trabajo. Disciplina de Higiene Industrial. *Fuente: Elaboración propia.*

En base a la evolución de riesgos del puesto comentado, se procederá a la propuesta de medidas y controles preventivos.

6.2.1.2.- Descripción de la metodología

Para la evaluación de riesgos referente a la disciplina de Higiene Industrial, es necesario llevar a cabo:

- Evaluación **cualitativa** de la exposición a agentes químicos, siguiendo la NTP 936 del INSST. Agentes químicos: evaluación cualitativa y simplificada del riesgo por inhalación (II). Método COSHH Essentials.

El objetivo de este modelo es disminuir el riesgo por inhalación de agentes químicos hasta que este sea aceptable. Para ello el modelo sigue una serie de etapas en las que intervienen variables que se muestran a continuación:

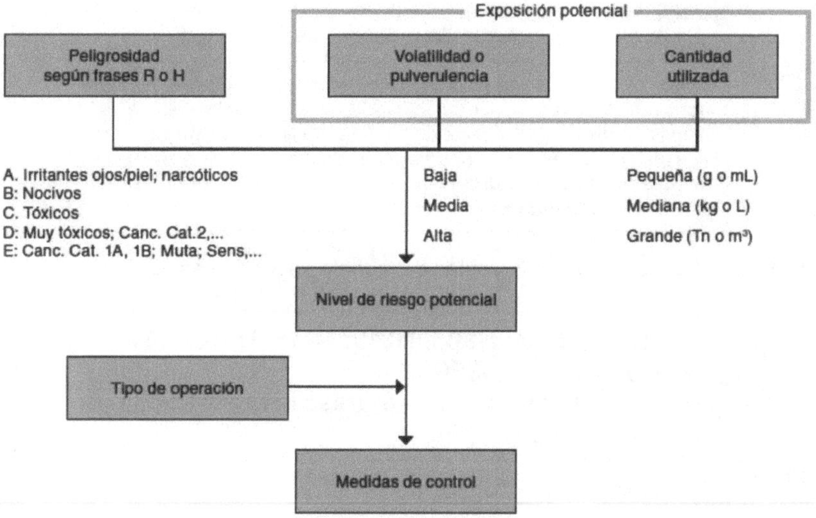

Figura 2. Etapas y variables del método COSHH Essentials. NTP 936. *Fuente: INSST*

- **Peligrosidad según frases R o frases H.** Se trata de la primera de las variables que considera el método, e indica la peligrosidad de las sustancias, clasificándolas según cinco niveles (A, B, C, D, E), siendo estos niveles crecientes. Esta clasificación está basada en frases y advertencias que aparecen en la etiqueta y ficha de seguridad de los agentes químicos. Solo se tienen en cuenta aquellas frases referentes a riesgos toxicológicos.

En las siguientes figuras podemos observar la clasificación según frases R (Figura 3) y frases H (Figura 4):

A	R36, R38, R65, R67 Cualquier sustancia sin frases R contenidas en los grupos B a E
B	R20/21/22, R68/20/21/22
C	R23/24/25, R34, R35, R37, R37/38, R39/23/24/25, R41, R43, R48/20/21/22, R68/23/24/25
D	R26/27/28, R39/26/27/28, R40, R48/23/24/25, R48/23/25, R48/24, R60, R61, R62, R63, R64
E	Mut. Cat. 3 R40*, R42, R45, R46, R49, R68*
**Antes de 1997 la frase R40 se utilizaba para identificar a los mutágenos de 3ª categoría según el RD363/1995. Posteriormente a 1997, estos pasaron a identificarse con la R68 y la R40 se asignó solamente a los cancerígenos de 3ª categoría. Se mantiene esta entrada en la tabla puesto que podrían existir agentes químicos todavía en uso que fueron adquiridos antes de 1997.*	

Figura 3: Clasificación de la peligrosidad del agente según frases R. *Fuente: INSST*

A	H303, H304, H305, H313, H315, H316, H318, H319, H320, H333, H336 Cualquier sustancia sin frases H contenidas en los grupos B a E
B	H302, H312, H332, H371
C	H301, H311, H314, H317, H318, H331, H335, H370, H373
D	H300, H310, H330, H351, H360, H361, H362, H372
E	H334, H340, H341, H350

Figura 4: Clasificación de la peligrosidad del agente según frases H. *Fuente: INSST*

- **Tendencia a pasar por el ambiente.** Hace referencia a la segunda variable del método y se clasifica en tres categorías (alta, media o baja). En el caso de sólidos, mediremos su propensión a la formación de polvo durante su manipulación (Tabla 8) y en el caso de líquidos, se considerará su volatilidad y temperatura de trabajo (Figura 5).

  A continuación, una figura que ejemplifica los niveles de volatilidad de agentes químicos en estado líquido:

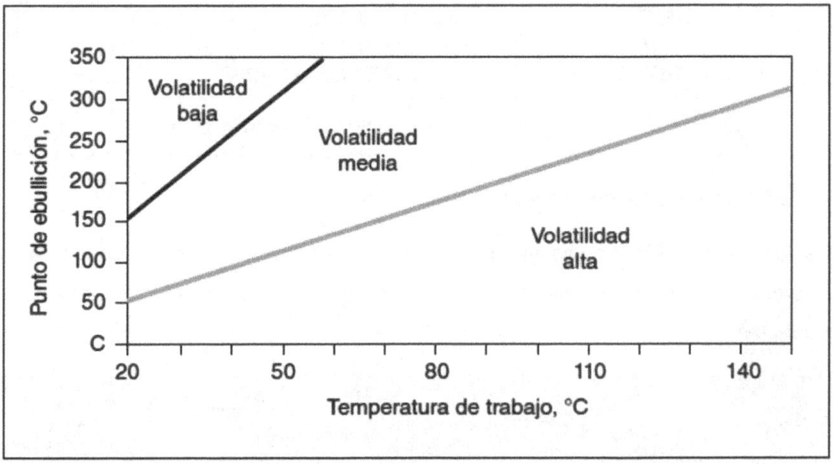

Figura 5: Niveles de volatilidad de líquidos. *Fuente: INSST*

A continuación, una tabla que muestra la capacidad de los sólidos a formar polvo:

BAJA	MEDIA	ALTA
Sustancias tipo pellets o granza, en las que no se observa polvo con su manipulación. Sin tendencia a la rotura.	Sólido de tipo granular/cristalino. Propensos a formar polvo cuando son manipulados. El polvo generado se deposita de forma rápida en las superficies.	Sustancias tipo polvo fino, de baja densidad. El polvo generado se mantiene en suspensión.

Tabla 8: Tendencia de los sólidos a formar polvo. *Fuente: Elaboración propia.*

- **Cantidad de sustancia utilizada por operación.** Es la tercera de las variables del método que nos compete y clasifica la cantidad de sustancia que se emplea según sea: pequeña, mediana o grande (Figura 6).

Cantidad de sustancia	Cantidad empleada por operación
Pequeña	Gramos o mililitros
Mediana	Kilogramos o litros
Grande	Toneladas o metros cúbicos

Figura 6: Cantidad de sustancia empleada. *Fuente: INSST*

Tras la identificación de las variables comentadas, como observamos en la Figura 7, podremos obtener el nivel de riesgo potencial, así como las acciones preventivas propuestas.

Grado de peligrosidad	Volatilidad / Pulverulencia				
	Cantidad usada	Baja volatilidad o pulverulencia	Media volatilidad	Media	Alta volatilidad o pulverulencia
A	Pequeña	1	1	1	1
	Mediana	1	1	1	2
	Grande			2	2
B	Pequeña	1	1	1	1
	Mediana	1	2	2	2
	Grande	1	2	3	3
C	Pequeña	1	2	1	2
	Mediana	2	3	3	3
	Grande	2	4	4	4
D	Pequeña	2	3	2	3
	Mediana	3	4	4	4
	Grande	3	4	4	4
E	En todas las situaciones con sustancias de este grado de peligrosidad, se considerará que el nivel de riesgo es 4.				

Figura 7: Determinación del nivel de riesgo potencial por exposición a gentes químicos. *Fuente: INSST*

Los riesgos son clasificados del siguiente modo:

Riesgo potencial tipo 1: Aquellos que requieren “ventilación general”.

Riesgo potencial tipo 2: Aquellos en los que es necesario “extracción localizada”.

Riesgo potencial tipo 3: Será necesario emplear “confinamiento” o “sistemas cerrados”.

Riesgo potencial tipo 4: Se trata de aquellas sustancias categorizadas como muy toxicas o aquellas sustancias de toxicidad moderada empleadas en grandes cantidades y que tengan alta o media capacidad de pasar a la atmosfera, por lo que será necesario emplear medidas específicas. En este tipo de sustancias, es necesario llevar a cabo una evaluación cuantitativa, la cual comentaremos a continuación.

- Evaluación **cuantitativa** de la exposición a agentes químicos, basándonos en la Guía técnica para la evaluación y prevención de los riesgos relacionados con los agentes químicos presentes en los lugares de trabajo y en el Real Decreto 374/2001, de 6 de abril, sobre la protección de la salud y seguridad de los trabajadores contra los riesgos relacionados con los agentes químicos durante el trabajo.

Previo a llevar a cabo las evaluaciones, considero de importancia aclarar los siguientes términos:

- **Agente químico:** Sustancia, compuesta por elementos químicos o mezclas de estos, que se encuentre en su forma natural o haya sido producida, utilizada o liberada durante una actividad laboral. Hace referencia tanto a productos químicos creados deliberadamente como a residuos o subproductos.
- **Exposición diaria (ED):** Referente al promedio de la concentración del agente químico en el área de respiración del trabajador, determinada o bien estimada a lo largo del tiempo, considerando la jornada laboral real y relacionada con una jornada estándar de 8 horas al día.

  Para el cálculo de la ED, nos basamos en la formula siguiente:

$$CEL = \frac{\sum c_i \cdot t_i}{\sum ti} = \frac{c_1 \cdot t_1 + c_2 \cdot t_2 + \ldots + c_n \cdot t_n}{8}$$

Dónde:

c_i = Concentración en el intervalo.

t_i = Duración de la exposición (horas) asociado a ci.

- **Valor Límite Ambiental (VLA):** Hace referencia a concentraciones de agentes químicos en el aire. Estos valores representan condiciones en las que, la mayoría de empleados son capaces de estar expuestos de forma continuada a lo largo de su vida laboral sin experimentar efectos adversos.
- **Valor Límite de Exposición Diaria (VLA-ED):** Valor referente para la exposición diaria a un agente químico. Este valor hace referencia a las condiciones en las que, la mayoría de empleados son capaces de estar expuestos hasta 8 horas al día y 40 horas a la semana a lo largo de su vida laboral sin experimentar efectos adversos para su salud.
- **Índice de Exposición (IE):** Calculado siguiendo la siguiente formula, basándonos en los parámetros comentados anteriormente.

$$I = ED / (VLA\text{-}ED)$$

6.2.1.3.- Realización de la evaluación y obtención de los resultados de exposición al riesgo

En este apartado, procedemos a la evaluación de la exposición a agentes químicos concretos por parte del personal de enfermería durante su tarea de elaboración de fórmulas magistrales. Para ello, en primer lugar, identificaremos algunas sustancias químicas a las que se exponen durante su jornada laboral y que pueden suponer un riesgo por inhalación.

Formulación magistral	Indicación	Materias primas necesarias
Solución de Ácido Tricloroacético al 30%	Tratamiento de lesiones cutáneas (verrugas, lesiones hiperqueratósicas, queratosis seborreica).	-Ácido tricloroacético al 30% -Agua destilada c.s.p. (cantidad suficiente para)
Jarabe expectorante de Yoduro de Potasio	Tratamiento de diversas afecciones relacionadas con la glándula tiroides y como expectorante para el tratamiento de afecciones respiratorias.	-Yoduro de potasio 100mg/ml -Glicerina 50% -Agua destilada c.s.p.
Solución Antiséptica de Fenol al 1%	Antiséptico tópico.	-Fenol: 1g -Alcohol etílico al 70%: 100ml

Tabla 9: Fórmulas magistrales. Indicación y materas primas utilizadas. *Fuente: Elaboración propia.*

Identificamos como sustancias químicas que pueden suponer un riesgo potencial para el trabajador: **ácido tricloroacético, yoduro de potasio, fenol.**

A continuación, al realizar la evaluación cualitativa, comentada su metodología en el punto 6.2.1.2, y teniendo en cuenta las Fichas de Seguridad de cada uno de los compuestos químicos, observamos lo siguiente:

Con respecto al **ácido tricloroacético,**

- ***Etiqueta/Ficha de Seguridad***: H314.
- ***Peligrosidad:*** Tipo C
- ***Tendencia a pasar por el ambiente:*** Baja, en base a su punto de ebullición (195°C) y la temperatura de trabajo (25°C).
- ***Cantidad de sustancia utilizada:*** Pequeña
- ***Nivel de riesgo:*** Riesgo potencial tipo 1

Con respecto al **yoduro de potasio,**

- ***Etiqueta/Ficha de Seguridad:*** H372.

- ***Peligrosidad:*** Tipo D.
- ***Tendencia a pasar por el ambiente****:* Media, al ser un sólido de tipo cristalino.
- ***Cantidad de sustancia utilizada****:* Pequeña
- ***Nivel de riesgo:*** Riesgo potencial tipo 2

Con respecto al **fenol,**

- ***Etiqueta/Ficha de Seguridad:*** H301, H331, H311, H314, H318, H341, H373, H411.
- ***Peligrosidad:*** Tipo E.
- ***Tendencia a pasar por el ambiente****:* Baja, según su punto de ebullición (181,8ºC) y la temperatura de trabajo (25ºC).
- ***Cantidad de sustancia utilizada:*** Pequeña
- ***Nivel de riesgo:*** Riesgo potencial tipo 4

Destacar que para determinar el nivel de peligrosidad, hemos de tener en cuenta que según la NTP 936, en caso de que una sustancia tenga frases de categorías distintas, se tendrá en cuenta en todo momento la que indique mayor peligrosidad.

Por otro lado, para determinar la tendencia a pasar por el ambiente, en el caso de las sustancias líquidas (ácido tricloroacético y fenol), hemos tenido en cuenta las condiciones de temperatura normales del área de trabajo, que oscilan alrededor de los 25ºC.

Con respecto a la cantidad de sustancia utilizada, teniendo en cuenta la caducidad de las formulaciones magistrales que se elaboran, he considerado una cantidad de sustancia utilizada pequeña.

Según lo indicado y teniendo en cuenta que todo compuesto clasificado como peligrosidad de tipo E, se considera como nivel de riesgo tipo 4 (Figura 7), el fenol se clasifican dentro de este nivel de riesgo potencial. Por otro lado, el yoduro de potasio, estaría clasificado dentro del nivel de riesgo potencial tipo 2 y el ácido tricloroacético dentro del nivel de riesgo tipo 1.

Una vez realizada la evaluación cualitativa, procedemos a la evaluación cuantitativa. De esta manera, pretendemos obtener conclusiones sobre el riesgo de exposición a estas sustancias químicas de forma más precisa, para aplicar medidas preventivas con la mayor eficacia posible.

Por su parte, la evaluación cuantitativa implica medir y cuantificar las concentraciones de sustancias químicas en el ambiente de trabajo para determinar el nivel al que están expuestos los empleados. Estas determinaciones se consiguen utilizando instrumentos de muestreo y análisis específicos. Estos datos se comparan con los límites de exposición ocupacional y otros estándares de seguridad para evaluar los riesgos para la salud y determinar la efectividad de las medidas de control preventivo.

En base a esto, se procede a la recogida de muestras al puesto de enfermero en su tarea de elaboración de fórmulas magistrales. La jornada laboral es de 8h, de las cuales el trabajador dedica unos 90 min aproximadamente a la elaboración de la fórmula magistral. La recogida de muestras se llevará a cabo a lo largo de tres jornadas de trabajo diferentes, siendo el tiempo dedicado al muestreo de 90 min. Consideramos que la exposición es constante durante todo el tiempo que el empleado dedica a la tarea.

Basándonos en la NTP 587: Evaluación de la exposición a agentes químicos y condicionantes analíticos, y la norma UNE-EN 1076: 1997 Atmósferas en el lugar de trabajo. Tubos adsorbentes para la determinación de gases y vapores captados mediante bombeo, el método elegido para el muestreo del fenol es la adsorción en tubo de gel de sílice, con posterior análisis mediante cromatografía de gases. Para el muestreo del ácido tricloroacético y del yoduro de potasio nos basaremos en el método de adsorción en tubo de carbón activo, seguido del análisis mediante cromatografía de gases.

En la recogida de muestras se obtiene lo siguiente:

Agente químico	Jornada	Concentración (mg/m3)
Ácido tricloroacético	1	40
	2	39
	3	43
Fenol	1	52
	2	55
	3	48
Yoduro de potasio	1	0,6
	2	0,5
	3	0,7

Tabla 10: Muestreo. *Fuente: Elaboración propia.*

Tras llevar a cabo el muestreo, procedemos al cálculo de la ED e I-ED:

Agente químico	Exposición diaria (ED) (mg/m3)	VLA-ED (mg/m3)	Tiempo de muestreo (horas)	Tiempo exposición (horas)	% tiempo de exposición muestreado	Tipo de muestreo	Índice exposición diaria (I-ED)
Ácido tricloroacético	7,6	6,8	1,5	1,5	100%	A	1,1
Fenol	9,7	8	1,5	1,5	100%	A	1,2
Yoduro de potasio	0,11	0,1*	1,5	1,5	100%	A	1,1

*Búsqueda en LEP 2024 como "yoduros"

Tabla 11: Resultados. *Fuente: Elaboración propia.*

6.2.1.4.- Valoración de los resultados obtenidos, en base a los criterios de valoración

Según los resultados obtenidos en la evaluación cuantitativa realizada en el apartado anterior y basándonos en la norma UNE-EN 689:2019 Anexo C sobre el sistema de decisión a partir de un número pequeño de muestras (n<6), llegamos a las siguientes conclusiones para el puesto de trabajo de enfermero en su tarea de elaboración de fórmulas magistrales:

Agente químico	Decisión
Ácido tricloroacético	Exposición superior al VLA-ED de acuerdo a las condiciones de conformidad que se establecen en la prueba preliminar para la evaluación de la exposición a agentes químicos en la Norma UNE-EN 689:2019. Puesto que I-ED>1 (I-ED: 1,1), la exposición es INACEPTABLE y requiere medidas para corregir la exposición.
	Exposición superior al VLA-ED de acuerdo a las condiciones de conformidad que se establecen en la prueba preliminar para la evaluación de la exposición a agentes químicos en la

Agente químico	Decisión
Fenol	Norma UNE-EN 689:2019. Puesto que I-ED>1 (I-ED: 1,2), la exposición es INACEPTABLE y requiere medidas para corregir la exposición.
Yoduro de potasio	Exposición superior al VLA-ED de acuerdo a las condiciones de conformidad que se establecen en la prueba preliminar para la evaluación de la exposición a agentes químicos en la Norma UNE-EN 689:2019. Puesto que I-ED>1 (I-ED: 1,1), la exposición es INACEPTABLE y requiere medidas para corregir la exposición.

Tabla12: Valoración de los resultados obtenidos. *Fuente: Elaboración propia.*

6.2.1.5.- Propuesta de medidas y controles preventivos

PUESTO DE TRABAJO EVALUADO			ENFERMERO ELABORADOR DE FORMULAS MAGISTRALES		
UBICACIÓN O LOCALIZACION DEL RIESGO	**RIESGO IDENTIFICADO**	**CAUSA DEL RIESGO**	**EVALUACION DEL RIESGO**	**MEDIDA PREVENTIVA/MEDIDA CORRECTORA/CONTROL PREVENTIVO**	**TIPO DE MEDIDA PREVENTIVA**
Tarea de elaboración de fórmulas magistrales	Exposición a agentes químicos	Exposición a agentes químicos por vía inhalatoria (**fenol, yoduro de potasio y ácido tricloroacético**)	Nivel de exposición **INACEPTABLE**	A fin de eliminar por completo el peligro, se recomienda el uso de otras opciones como terapia de las afecciones que tratan estas fórmulas magistrales.	Organizativa
				Establecer protocolos de trabajo que aseguren el correcto uso de los agentes químicos, evitando posibles errores que supongan un mayor riesgo.	Procedimiento
				Verificación del conocimiento por parte del personal de los protocolos de trabajo	Control preventivo
				Formación a los empleados sobre los riesgos asociados al uso de agentes químicos y su correcto uso.	Formación
				Comprobación del concomimiento por parte del personal de los riesgos asociados al uso de agentes químicos y su correcto uso	Control preventivo
				Poner a disposición de los trabajadores las Fichas de Seguridad de los agentes químicos en uso	Información
				Verificación del conocimiento y aplicabilidad por parte del personal de las Fichas de Seguridad de los agentes químicos	Control preventivo

PUESTO DE TRABAJO EVALUADO			ENFERMERO ELABORADOR DE FORMULAS MAGISTRALES		
UBICACIÓN O LOCALIZACION DEL RIESGO	**RIESGO IDENTIFICADO**	**CAUSA DEL RIESGO**	**EVALUACION DEL RIESGO**	**MEDIDA PREVENTIVA/MEDIDA CORRECTORA/CONTROL PREVENTIVO**	**TIPO DE MEDIDA PREVENTIVA**
				Uso de sistemas de extracción adecuados.	Técnica
				Dotar de EPI adecuado, concretamente máscara autofiltrante para vapores y gases.	EPI
				Formación al trabajador sobre el correcto uso de los EPI.	Formación
				Comprobar el correcto uso del EPI por parte del trabajador.	Control preventivo
				Protocolizar como se debe poner y retirar el EPI.	Procedimiento
				Comprobar que el trabajador que realiza cada tarea está capacitado para ello.	Control preventivo
				Etiquetado e identificación de los agentes químicos.	Técnica
				Verificación y revisión del correcto etiquetado e identificación de los agentes químicos	Control preventivo
				Establecer protocolos de actuación en caso de fugas.	Procedimiento
				Verificar que el personal conoce el protocolo de actuación en caso de fugas	Control preventivo
				Control biológico (revisiones médicas) del estado de salud de los empleados.	Control preventivo
				Vigilancia del buen estado y funcionamiento de los sistemas de extracción en uso.	Control preventivo
				Correcto mantenimiento de sistemas de extracción	Organizativa
				Formación a los trabajadores sobre el uso y mantenimiento de EPIs.	Formación

PUESTO DE TRABAJO EVALUADO			ENFERMERO ELABORADOR DE FORMULAS MAGISTRALES		
UBICACIÓN O LOCALIZACION DEL RIESGO	RIESGO IDENTIFICADO	CAUSA DEL RIESGO	EVALUACION DEL RIESGO	MEDIDA PREVENTIVA/MEDIDA CORRECTORA/CONTROL PREVENTIVO	TIPO DE MEDIDA PREVENTIVA
				Comprobación del adecuado uso del EPI	Control preventivo
				Control y revisión del adecuado mantenimiento del EPI	Control preventivo
				Establecer procedimientos que aseguren la aplicación y funcionamiento de las medidas adoptadas (NTP 872)	Procedimiento
				Comprobación del conocimiento y puesta en marcha de todo procedimiento establecido	Control preventivo

Tabla 13: Medidas y Controles preventivos. *Fuente: Elaboración propia.*

6.3.- Disciplina de Ergonomía y Psicosociología Aplicada

6.3.1.- Evaluación ergonómica del riesgo de carga física postural

6.3.1.1.- Objeto y alcance

El objetivo del presente apartado referente a la disciplina de Ergonomía y Psicosociología Aplicada, es llevar a cabo una evaluación de la carga física postural soportada por el personal de enfermería en su tarea de elaboración de fórmulas magistrales.

La jornada laboral del enfermero elaborador de fórmulas magistrales es de 8h de lunes a viernes en jornada continua. Durante su tarea de elaboración de fórmulas magistrales, los trabajadores pasan la gran mayoría del tiempo en posición de bipedestación, con el tronco erguido y el cuello en flexión. Llevan a cabo movimientos repetitivos de muñeca, por ejemplo durante la mezcla de materias primas, manteniendo los brazos en ligera extensión y antebrazos en flexión. Destacar que la postura es simétrica, es decir, tanto el lado derecho como el izquierdo adoptan la misma postura.

A continuación, evaluaremos dicha posición mediante el método REBA (Rapid Enter Body Assessment). En base a esta evaluación, valoraremos los riesgos, en caso de que existan y propondremos medidas y controles preventivos para subsanar dichos riesgos.

6.3.1.2.- Descripción de la metodología

Para llevar a cabo la evaluación específica de la carga física postural del personal de enfermería elaborador de fórmulas magistrales, nos basamos en el método REBA (NTP 601 del INSST). Según lo descrito en la NTP 601, este método consiste en un análisis postural para riesgos musculoesqueléticos, facilitando la evaluación de la postura corporal mediante la asignación de puntuaciones a diferentes partes del cuerpo. Estas partes del cuerpo, se clasifican en dos grupos:

- Por un lado, el **grupo A,** dentro del cual están incluidos: tronco, cuello y piernas. Se puntuará cada parte del cuerpo en base a la posición/movimiento que esté llevando a cabo el trabajador. Para otorgar esta puntuación, tendremos en cuenta lo establecido en la Figura 8:

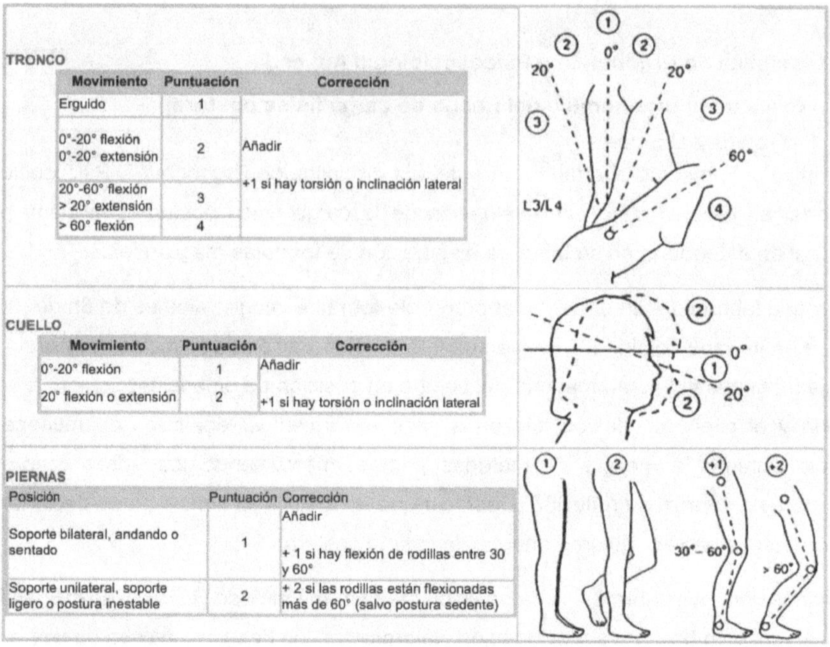

TRONCO

Movimiento	Puntuación	Corrección
Erguido	1	
0°-20° flexión 0°-20° extensión	2	Añadir +1 si hay torsión o inclinación lateral
20°-60° flexión > 20° extensión	3	
> 60° flexión	4	

CUELLO

Movimiento	Puntuación	Corrección
0°-20° flexión	1	Añadir
20° flexión o extensión	2	+1 si hay torsión o inclinación lateral

PIERNAS

Posición	Puntuación	Corrección
Soporte bilateral, andando o sentado	1	Añadir + 1 si hay flexión de rodillas entre 30 y 60°
Soporte unilateral, soporte ligero o postura inestable	2	+ 2 si las rodillas están flexionadas más de 60° (salvo postura sedente)

Figura 8: Clasificación partes del cuerpo. Grupo A. NTP 601. *Fuente: INSST*

A partir de la puntuación obtenida en las partes del cuerpo del grupo A y basándonos en la siguiente figura (Figura 9), obtendremos una puntuación que varía en el rango de 1 a 9 puntos.

		Cuello											
		1				2				3			
Piernas		1	2	3	4	1	2	3	4	1	2	3	4
Tronco	1	1	2	3	4	1	2	3	4	3	3	5	6
	2	2	3	4	5	3	4	5	6	4	5	6	7
	3	2	4	5	6	4	5	6	7	5	6	7	8
	4	3	5	6	7	5	6	7	8	6	7	8	9
	5	4	6	7	8	6	7	8	9	7	8	9	9

Figura 9: NTP 601. *Fuente: INSST.*

Seguidamente, a la puntuación obtenida, hemos de añadir un nuevo valor, denominado valor de carga/fuerza, que oscila entre 0 y 3 puntos (Figura 9). De esta manera, obtenemos el valor final de las partes del cuerpo del grupo A.

TABLA CARGA/FUERZA

0	1	2	+1
inferior a 5 kg	5-10 kg	10 kg	instauración rápida o brusca

Figura 10: Tabla carga/fuerza. NTP 601. *Fuente: INSST.*

- Por otro lado, el grupo B incluye: brazos, antebrazos y muñecas. En este grupo, al igual que en el anterior, se puntuará la posición que adopta el trabajador en base a la siguiente figura:

BRAZOS

Posición	Puntuación	Corrección
0°-20° flexión/extensión	1	Añadir
> 20° extensión 21°-45° flexión	2	+ 1 si hay abducción o rotación
46°-90° flexión	3	+ 1 elevación del hombro
> 90° flexión	4	- 1 si hay apoyo o postura a favor de la gravedad

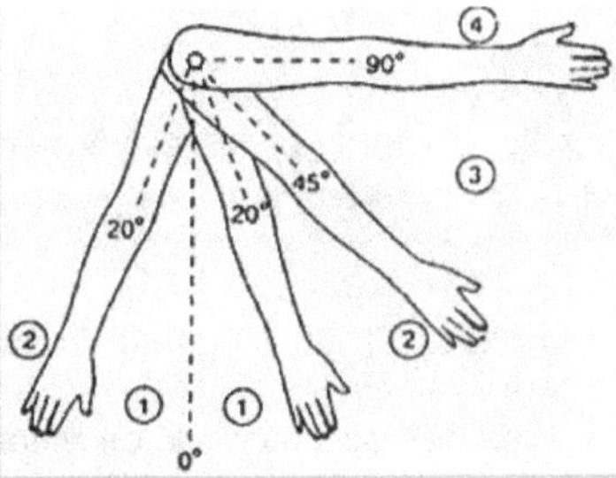

ANTEBRAZOS

Movimiento	Puntuación
60°-100° flexión	1
< 60° flexión > 100° flexión	2

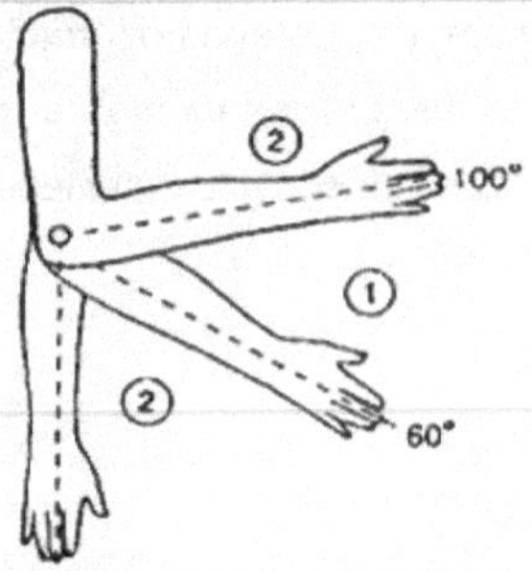

MUÑECAS

Movimiento	Puntuación	Corrección
0°-15°- flexión/ extensión	1	Añadir
> 15° flexión/ extensión	2	+ 1 si hay torsión o desviación lateral

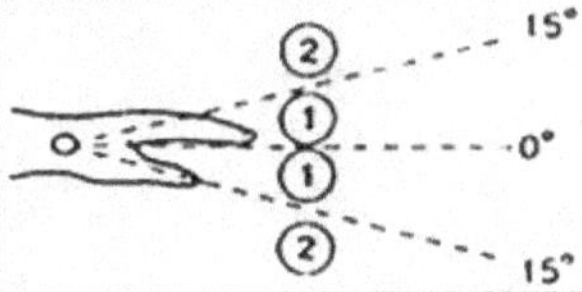

Figura 11: Clasificación partes del cuerpo. Grupo B. NTP 601. *Fuente: INSST*

De igual modo que en el grupo A, a partir de la puntuación obtenida en las partes del cuerpo del grupo B y basándonos en la siguiente figura (Figura 12), obtendremos una puntuación que varía en el rango de 1 a 9 puntos. A este valor obtenido, le añadiremos a continuación el valor de agarre, el cual oscila entre 0 y 3 puntos, obteniendo así el valor final del grupo B.

		Antebrazo					
		1			2		
Muñeca		1	2	3	1	2	3
Brazo	1	1	2	2	1	2	3
	2	1	2	3	2	3	4
	3	3	4	5	4	5	5
	4	4	5	5	5	6	7
	5	6	7	8	7	8	8
	6	7	8	8	8	9	9

AGARRE

0 - Bueno	1- Regular	2 - Malo	3 - Inaceptable
Buen agarre y fuerza de agarre.	Agarre aceptable.	Agarre posible pero no aceptable	Incómodo, sin agarre manual. Aceptable usando otras partes del cuerpo.

Figura 12: NTP 601. *Fuente: INSST.*

Una vez hemos obtenido los valores del grupo A y B, basándonos en la siguiente tabla (figura 13), obtenemos una puntuación, a la cual hay que añadir el valor de actividad. De esta manera obtenemos el valor final o valor REBA, el cual oscila entre 1 y 15 puntos e indica el riesgo y los niveles de acción que son necesarios para la tarea analizada.

		Puntuación B											
		1	2	3	4	5	6	7	8	9	10	11	12
Puntuación A	1	1	1	1	2	3	3	4	5	6	7	7	7
	2	1	2	2	3	4	4	5	6	6	7	7	8
	3	2	3	3	3	4	5	6	7	7	8	8	8
	4	3	4	4	4	5	6	7	8	8	9	9	9
	5	4	4	4	5	6	7	8	8	9	9	9	9
	6	6	6	6	7	8	8	9	9	10	10	10	10
	7	7	7	7	8	9	9	9	10	10	11	11	11
	8	8	8	8	9	10	10	10	10	10	11	11	11
	9	9	9	9	10	10	10	11	11	11	12	12	12
	10	10	10	10	11	11	11	11	12	12	12	12	12
	11	11	11	11	11	12	12	12	12	12	12	12	12
	12	12	12	12	12	12	12	12	12	12	12	12	12
Actividad	+1: Una o más partes del cuerpo estáticas, por ej. aguantadas más de 1 min. +1: Movimientos repetitivos, por ej. repetición superior a 4 veces/minuto. +1: Cambios posturales importantes o posturas inestables.												

Figura 13: NTP 601. *Fuente: INSST*

6.3.1.3.- Realización de la evaluación y obtención de los resultados de exposición al riesgo

A continuación, pasamos al desarrollo de la metodología REBA para la evaluación de la postura adoptada por el personal de enfermería en su labor de elaboración de fórmulas magistrales. La postura es simétrica.

- **Grupo A** (en base a figura 8):
- Tronco erguido: puntuación 1.
- Cuello en flexión: puntuación 2.
- Piernas en soporte bilateral: puntuación 1.

Obtenemos una puntuación de 1 punto, al cual añadimos 0 puntos puesto que la fuerza/carga (figura 10) es menor de 5kg. Por tanto, la puntuación del grupo A es de 1 punto.

		Cuello											
		1				2				3			
Piernas		1	2	3	4	1	2	3	4	1	2	3	4
Tronco	1	1	2	3	4	1	2	3	4	3	3	5	6
	2	2	3	4	5	3	4	5	6	4	5	6	7
	3	2	4	5	6	4	5	6	7	5	6	7	8
	4	3	5	6	7	5	6	7	8	6	7	8	9
	5	4	6	7	8	6	7	8	9	7	8	9	9

Figura 14. Resultados grupo A. NTP 601. *Fuente: Elaboración propia*

- **Grupo B** (en base a figura 11):

- Brazos en extensión > 20º: puntuación 2. Postura a favor de gravedad, por lo que restamos 1 punto. Puntuación corregida 2-1.
- Antebrazos en flexión entre 60-100º: puntuación 1.
- Muñecas en flexión entre 0-15º: puntuación 1. Existe torsión, por lo que añadimos 1 punto. Puntuación corregida 1+1.

Obtenemos una puntuación de 2 puntos. A esta puntuación no añadimos ningún valor en base al agarre, por lo que la puntuación final del grupo B es de 2 puntos.

		Antebrazo					
		1			2		
Muñeca		1	2	3	1	2	3
Brazo	1	1	2	2	1	2	3
	2	1	2	3	2	3	4
	3	3	4	5	4	5	5
	4	4	5	5	5	6	7
	5	6	7	8	7	8	8
	6	7	8	8	8	9	9

Figura 15. Resultados grupo B. NTP 601. *Fuente: Elaboración propia*

La puntuación total seria de 1 punto. A esta puntuación añadimos 1 punto por movimientos repetitivos y otro punto por mantener el tren inferior del cuerpo estático (factor corrector de actividad), por lo que la puntuación final sería de 3 puntos.

		Puntuación B											
		1	2	3	4	5	6	7	8	9	10	11	12
Puntuación A	1	1	1	1	2	3	3	4	5	6	7	7	7
	2	1	2	2	3	4	4	5	6	6	7	7	8
	3	2	3	3	3	4	5	6	7	7	8	8	8
	4	3	4	4	4	5	6	7	8	8	9	9	9
	5	4	4	4	5	6	7	8	8	9	9	9	9
	6	6	6	6	7	8	8	9	9	10	10	10	10
	7	7	7	7	8	9	9	9	10	10	11	11	11
	8	8	8	8	9	10	10	10	10	10	11	11	11
	9	9	9	9	10	10	10	11	11	11	12	12	12
	10	10	10	10	11	11	11	11	12	12	12	12	12
	11	11	11	11	11	12	12	12	12	12	12	12	12
	12	12	12	12	12	12	12	12	12	12	12	12	12
Actividad	+1: Una o más partes del cuerpo estáticas, por ej. aguantadas más de 1 min.												
	+1: Movimientos repetitivos, por ej. repetición superior a 4 veces/minuto.												
	+1: Cambios posturales importantes o posturas inestables.												

Figura 16. Resultado total REBA. *Fuente: Elaboración propia.*

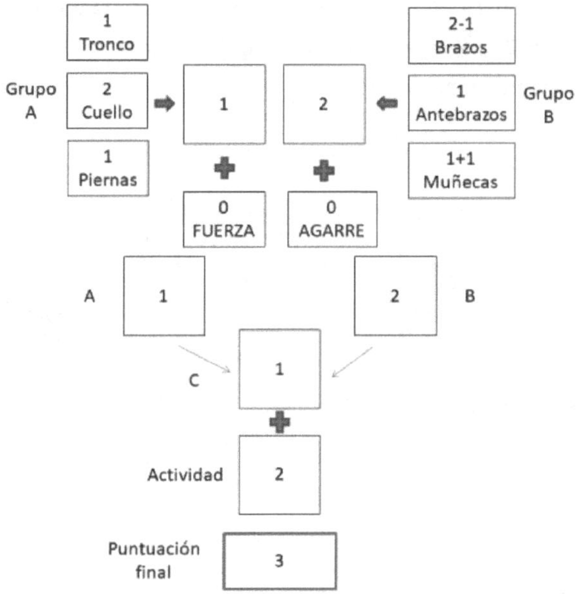

Figura 17. Evaluación postura mediante metodología REBA. *Fuente: Elaboración propia.*

6.3.1.4.- Valoración de los resultados obtenidos, en base a los criterios de valoración

En la siguiente tabla, observamos los resultados obtenidos tras la evaluación de la postura:

Puntuación de cada grupo			**Actividad**	**Puntuación final REBA**
A	B	C (A+B)		
1	2	1	2	3

Tabla 14: Resultados. *Fuente: Elaboración propia.*

A continuación, la valoración de los resultados obtenidos:

Nivel de acción	**Puntuación**	**Nivel de riesgo**	**Intervención y posterior análisis**
1	3	Bajo	Puede ser necesario

Tabla 15: Valoración de resultados. *Fuente: Elaboración propia.*

En base a la siguiente figura (Figura 18) y a lo descrito en la tabla 14, tras la evaluación mediante el método REBA, obtenemos un nivel de riesgo bajo, por lo que la intervención y posterior análisis pueden ser necesarios.

Niveles de riesgo y acción

Nivel de acción	Puntuación	Nivel de riesgo	Intervención y posterior análisis
0	1	Inapreciable	No necesario
1	2-3	Bajo	Puede ser necesario
2	4-7	Medio	Necesario
3	8-10	Alto	Necesario pronto
4	11-15	Muy alto	Actuación inmediata

Figura 18. Niveles de riesgo y acción. NTP 601. *Fuente: INSST.*

6.3.1.5.- Propuesta de medidas y controles preventivos

PUESTO DE TRABAJO EVALUADO			ENFERMERO ELABORADOR DE FÓRMULAS MAGISTRALES		
UBICACIÓN O LOCALIZACIÓN DEL RIESGO	RIESGO IDENTIFICADO	CAUSA DEL RIESGO	EVALUACIÓN DEL RIESGO	MEDIDA PREVENTIVA/MEDIDA CORRECTORA/CONTROL PREVENTIVO	TIPO DE MEDIDA PREVENTIVA
Tarea de elaboración de fórmulas magistrales	Carga física	Exposición a postura forzada	El nivel de acción es 1, puesto que el nivel de riesgo es BAJO (puntuación de 3). En base al método REBA, la intervención y posterior análisis pueden ser necesarios.	Diseño ergonómico de superficies de trabajo.	Técnica
				Verificación del diseño ergonómico de las superficies de trabajo	Control preventivo
				Formación a los trabajadores sobre la postura más saludable a adoptar durante la jornada laboral.	Formación
				Verificar que el personal conoce las posturas más adecuadas a adoptar durante su jornada laboral	Control preventivo
				Establecer pausas y descansos evitando la carga muscular	Organizativa
				Vigilancia del cumplimiento de las pausas y descansos establecidos	Control preventivo
				Revisiones médicas a los empleados, para monitorizar su estado de salud.	Control preventivo
				Reducción de los tiempos de exposición.	Técnica
				Establecer rutinas de movilidad y estiramientos previos a la tarea.	Organizativa
				Verificar que las rutinas establecidas se cumplen de manera adecuada	Control preventivo
				Información al empleado sobre los riesgos de la carga física postural que soportan.	Información
				Comprobar que el empleado conoce y comprende los riesgos	Control preventivo
				Alternancia de tareas con la finalidad de evitar la carga muscular (rediseño del trabajo)	Organizativa
				Controles periódicos sobre la metodología de trabajo	Control preventivo

PUESTO DE TRABAJO EVALUADO			ENFERMERO ELABORADOR DE FÓRMULAS MAGISTRALES		
UBICACIÓN O LOCALIZACIÓN DEL RIESGO	RIESGO IDENTIFICADO	CAUSA DEL RIESGO	EVALUACIÓN DEL RIESGO	MEDIDA PREVENTIVA/MEDIDA CORRECTORA/CONTROL PREVENTIVO	TIPO DE MEDIDA PREVENTIVA
				Adaptar las alturas de las superficies de trabajo a la tarea a elaborar	Técnica
				Comprobación de que las alturas de las superficies de trabajo son las adecuadas	Control preventivo
				Colocar los utensilios de trabajo al alcance del trabajador.	Técnica
				Verificación de que todo utensilio de trabajo se encuentra al alcance del trabajador	Control preventivo
				Uso de herramientas que mejor se adapten a la tarea (mezcladores, balanzas…).	Técnica
				Información al empleado sobre cómo prevenir los riesgos (hojas informativas).	Información
				Comprobación de que el empleado conoce como prevenir los riesgos	Control preventivo

Tabla 16: Medidas y Controles preventivos. *Fuente: Elaboración propia.*

7.- PLANIFICACIÓN DE LA ACTIVIDAD PREVENTIVA

7.1.- Introducción

Tras la evaluación de los riesgos referentes a las disciplinas de Seguridad en el trabajo, Higiene Industrial y Ergonomía y Psicosociología Aplicada, se han evidenciado riesgos que requieren implementar medidas preventivas. En base a esto, pasamos a la planificación de la actividad preventiva referente al puesto evaluado de "personal de enfermería en su tarea de elaboración de fórmulas magistrales".

Según lo establecido en artículo 16 de la Ley de Prevención de Riesgos Laborales (LPRL) y en el artículo 8 del Real Decreto 39/1997 que regula el Reglamento de los Servicios de Prevención (RSP), cuando la evaluación detecte cualquier situación que pueda suponer un riesgo para el empleado, será necesaria la toma de las medidas preventivas pertinentes, con la finalidad de controlar, disminuir o eliminar aquellos riesgos detectados. Se deberá planificar estas medidas preventivas de manera exhaustiva, a fin de garantizar el abordaje efectivo de los riesgos identificados en la evaluación. Esta planificación se llevara a cabo según lo dispuesto en la Sección 2ª "Planificación de la actividad preventiva" del Capítulo II del RD 39/1997 sobre RSP (artículos 8 y 9).

Por tanto, en la planificación de la actividad preventiva se tendrán en cuenta tanto los recursos humanos y materiales necesarios, como los medios económicos pertinentes para llevar a cabo los objetivos y medidas propuestas. Además, para la planificación de la actividad preventiva, se establecerán fases y etapas, las cuales se llevarán a cabo de forma prioritaria según la magnitud de los riesgos evaluados y del número de empleados expuestos. La actividad preventiva estará sujeta a continuo control y seguimiento.

A continuación, para cada disciplina evaluada, se detalla la prioridad del desarrollo de la actividad preventiva en función del nivel de riesgo.

- Para la disciplina de **Seguridad en el trabajo:**

PRIORIDAD	NIVEL DE RIESGO	PLAZO PARA LA ADOPCIÓN DE MEDIDAS (ORIENTATIVO)
1	TRIVIAL (T)	Según criterio de la empresa
2	TOLERABLE (TO)	Entre 6 meses y 1 año
3	MODERADO (MO)	Entre 1 y 6 meses
4	IMPORTANTE (I)	Entre 1 semana y 1 mes
5	INTOLERABLE (IN)	Inmediato

Tabla 17: Prioridad, nivel de riesgo y plazo orientativo para la adopción de medidas en la disciplina de Seguridad ene l trabajo. *Fuente: Elaboración propia.*

- Para la disciplina de **Higiene Industrial:**

Tras la evaluación del riesgo por exposición a agentes químicos (ácido tricloroacético, yoduro de potasio y fenol) en el puesto de enfermero elaborador de fórmulas magistrales, hemos concluido que la exposición es INACEPTABLE, por lo que asumimos un prioridad de nivel 1 y las medidas por tanto han de desarrollarse de forma inmediata.

- Para la disciplina de **Ergonomía y Psicosociología aplicada:**

PRIORIDAD	NIVEL DE RIESGO	PLAZO PARA LA ADOPCIÓN DE MEDIDAS (ORIENTATIVO)
1	Inapreciable	A criterio de la empresa
2	Bajo	Entre 6 meses y 1 año
3	Medio	Entre 1 y 6 meses
4	Alto	Entre 1 semana y 1 mes
5	Muy alto	Inmediato

Tabla 18: Prioridad, nivel de riesgo y plazo orientativo para la adopción de medidas en la disciplina de Ergonomía y Psicosociología Aplicada. *Fuente: Elaboración propia.*

Para aquellos riesgos que requieren evaluación específica, indicaremos prioridad de nivel 5 (adopción de medidas de forma inmediata), por la necesidad de llevar a cabo la evaluación especifica con la mayor inmediatez posible, para conocer la magnitud de dichos riesgos y establecer las medidas más adecuadas.

Destacar que se establece como fecha de referencia el 1 de junio de 2024. A partir de esta fecha se fijarán las correspondientes fechas previstas para la implantación de cada medida.

7.2.- Planificación y controles correspondientes a la disciplina de Seguridad en el Trabajo

7.2.1.- Tabla de planificación de medidas correspondientes a la evaluación realizada en Seguridad en el Trabajo

A continuación, una tabla con la planificación de las medidas preventivas referentes al puesto de enfermero en su tarea de elaboración de fórmulas magistrales:

UBICACIÓN O LOCALIZACIÓN DEL RIESGO	RIESGO IDENTIFICADO	CAUSA DEL RIESGO	MEDIDA PREVENTIVA/MEDIDA CORRECTORA	TIPO DE MEDIDA	PRIORIDAD	COSTE/ PRESUPUESTO	RESPONSABLE	FECHA PREVISTA IMPLANTACIÓN	FECHA REAL IMPLANTACIÓN
Área de farmacotecnia	Caída de personas al mismo nivel	Derrames o suelos resbaladizos	Señalización de zonas resbaladizas	Técnica	4	Asumido por Servicio de Mantenimiento	Servicio de Mantenimiento	Junio 2024	
			Rápida eliminación de posibles derrames	Organizativa	4	Asumido por Servicio de Mantenimiento	Jefe del SF	Junio 2024	
			Establecer protocolos para la rápida eliminación de posibles derrames	Procedimiento	4	Asumido por el Servicio de Prevención	Jefe del SF	Junio 2024	
		Presencia temporal de objetos/herramientas en zonas de paso	Señalización de posibles obstáculos	Técnica	3	Asumido por Servicio de Mantenimiento	Servicio de Mantenimiento	Septiembre 2024	
	Caída de objetos/herramientas en	Manipulación manual de objetos en	Formación del personal	Formación	3	Asumido por el Servicio de Prevención	Jefe del SF	Septiembre 2024	

UBICACIÓN O LOCALIZACIÓN DEL RIESGO	RIESGO IDENTIFICADO	CAUSA DEL RIESGO	MEDIDA PREVENTIVA/MEDIDA CORRECTORA	TIPO DE MEDIDA	PRIORIDAD	COSTE/ PRESUPUESTO	RESPONSABLE	FECHA PREVISTA IMPLANTACIÓN	FECHA REAL IMPLANTACIÓN
	manipulación	inadecuadas condiciones	Manipule de forma correcta objetos /herramientas	Norma	3	Asumido por el propio personal	Jefe del SF	Septiembre 2024	
	Pisada sobre objetos	Posibles obstáculos en zonas de trabajo	Señalización y rápida retirada de obstáculos	Técnica	2	Asumido por Servicio de Mantenimiento	Servicio de Mantenimiento	Diciembre 2024	
		Falta de orden y limpieza	Adecuada limpieza y mantenimiento de la zona de trabajo	Organizativa	2	Asumido por Servicio de Mantenimiento	Jefe del SF	Junio 2024	
	Golpes con herramientas/objetos inmóviles	Posible utilización inadecuada de herramientas	Formación e información a los trabajadores	Formación e Información	2	Asumido por el Servicio de Prevención	Jefe del SF	Diciembre 2024	
	Choques contra objetos inmóviles	Posibles golpes con material que invade temporalmente el lugar de trabajo	Retirar elementos que invadan la zona de trabajo	Técnica	2	Asumido por Servicio de Mantenimiento	Servicio de Mantenimiento	Diciembre 2024	
			Señalización cuando haya temporalmente material en la zona de trabajo	Técnica	2	Asumido por Servicio de Mantenimiento	Servicio de Mantenimiento	Diciembre 2024	
	Cortes por herramientas	Lesiones durante la manipulación de herramientas por mal uso	Formación e información al personal	Formación e Información	4	Asumido por el Servicio de Prevención	Jefe del SF	Junio 2024	
			Cumpla de forma estricta las normas	Norma	4	Asumido por los propios	Jefe del SF	Junio 2024	

UBICACIÓN O LOCALIZACIÓN DEL RIESGO	RIESGO IDENTIFICADO	CAUSA DEL RIESGO	MEDIDA PREVENTIVA/MEDIDA CORRECTORA	TIPO DE MEDIDA	PRIORIDAD	COSTE/ PRESUPUESTO	RESPONSABLE	FECHA PREVISTA IMPLANTACIÓN	FECHA REAL IMPLANTACIÓN
			de seguridad durante el uso del material			trabajadores			
		Falta o uso inapropiado de equipos de protección individual	Dotar de guantes adecuados	EPI	2	Asumido por el Servicio de Prevención	Servicio de Prevención	Diciembre 2024	
	Proyección de fragmentos o partículas	Estallido de recipientes por sobrepasar sus límites (presión)	Cumpla rigurosamente las normas de uso de maquinaria	Norma	3	Asumido por los propios trabajadores	Jefe del SF	Junio 2024	
		Posibles defectos de conservación de utensilios	Adecuadas condiciones de conservación y mantenimiento de toda herramienta de trabajo	Organizativa	3	Asumido por el Servicio de Prevención	Jefe del SF	Septiembre 2024	
		Falta o uso inapropiado de equipos de protección individual	Disponer de gafas de seguridad adecuadas	EPI	3	Asumido por el Servicio de Prevención	Servicio de Prevención	Septiembre 2024	

UBICACIÓN O LOCALIZACIÓN DEL RIESGO	RIESGO IDENTIFICADO	CAUSA DEL RIESGO	MEDIDA PREVENTIVA/MEDIDA CORRECTORA	TIPO DE MEDIDA	PRIORIDAD	COSTE/ PRESUPUESTO	RESPONSABLE	FECHA PREVISTA IMPLANTACIÓN	FECHA REAL IMPLANTACIÓN
	Exposición a temperaturas ambientales extremas	Posible exposición a altas temperaturas dentro de la sala de elaboración	Se debe realizar evaluación de estrés térmico por calor mediante el Método WBGT (NTP 322) y, si fuera necesario, se completará mediante la determinación del Índice de sobrecarga térmica IST (NTPs 922 y 923).	Evaluación Especifica	5	Se solicita presupuesto al Servicio de Prevención	Jefe del SF	Inmediata	
			Dotar de equipos de protección individual adecuado a las tareas	EPI	5	Asumido por el Servicio de Prevención	Servicio de Prevención	Inmediata	
	Contactos térmicos	Contacto con elementos que se encuentran a altas temperaturas	Dotar de equipos de protección individual adecuado a las tareas	EPI	4	Asumido por el Servicio de Prevención	Servicio de Prevención	Septiembre 2024	
		Salpicaduras o derrames de sustancias a altas	Dotar de equipos de protección individual adecuado a las tareas	EPI	4	Asumido por el Servicio de Prevención	Servicio de Prevención	Septiembre 2024	

UBICACIÓN O LOCALIZACIÓN DEL RIESGO	RIESGO IDENTIFICADO	CAUSA DEL RIESGO	MEDIDA PREVENTIVA/MEDIDA CORRECTORA	TIPO DE MEDIDA	PRIORIDAD	COSTE/ PRESUPUESTO	RESPONSABLE	FECHA PREVISTA IMPLANTACIÓN	FECHA REAL IMPLANTACIÓN
		temperaturas							
	Contactos eléctricos directos	Falta de protocolos de uso de material eléctrico	Establecer protocolos/procedimientos respecto al correcto uso de material eléctrico	Procedimiento	2	Asumido por el Servicio de Prevención	Jefe del SF	Diciembre 2024	
	Incendios	Erróneo almacenamiento de sustancias inflamables	Almacene productos y materias inflamables según los requisitos establecidos en la normativa	Norma	3	Asumido por los propios trabajadores	Jefe del SF	Septiembre 2024	
	Iluminación	Posible iluminación inadecuada	Instalación de iluminación adecuada en la zona de trabajo	Técnica	2	Asumido por Servicio de Mantenimiento	Servicio de Mantenimiento	Diciembre 2024	
	Exposición a ruido	Realización de tareas con herramientas ruidosas (mezclador)	Evaluación conforme a la Guía técnica de ruido del INSST y las NTPs 638, 950 y 951.	Evaluación Especifica	5	Se solicita presupuesto al Servicio de Prevención	Jefe del SF	Inmediata	

UBICACIÓN O LOCALIZACIÓN DEL RIESGO	RIESGO IDENTIFICADO	CAUSA DEL RIESGO	MEDIDA PREVENTIVA/MEDIDA CORRECTORA	TIPO DE MEDIDA	PRIORIDAD	COSTE/ PRESUPUESTO	RESPONSABLE	FECHA PREVISTA IMPLANTACIÓN	FECHA REAL IMPLANTACIÓN
			Utilizar de forma adecuada las herramientas, evitando ruidos innecesarios	Norma	5	Asumido por los propios trabajadores	Jefe del SF	Inmediata	
			Formación sobre los riesgos asociados a la exposición ruido y su prevención	Formación	5	Asumido por el Servicio de Prevención	Jefe del SF	Inmediata	
	Factores psicosociales	Alta carga de trabajo	Se debe llevar a cabo una evaluación específica mediante el Método F-PSICO del INSST (NTP 926).	Evaluación Especifica	5	Se solicita presupuesto al Servicio de Prevención	Jefe del SF	Inmediata	
			Establecer protocolos para la organización y estructuración de las tareas a realizar	Procedimiento	5	Asumido por el Servicio de Prevención	Jefe del SF	Inmediata	
			Formación a los trabajadores sobre cómo afrontar la carga laboral	Formación	5	Asumido por el Servicio de Prevención	Jefe del SF	Inmediata	

UBICACIÓN O LOCALIZACIÓN DEL RIESGO	RIESGO IDENTIFICADO	CAUSA DEL RIESGO	MEDIDA PREVENTIVA/MEDIDA CORRECTORA	TIPO DE MEDIDA	PRIORIDAD	COSTE/ PRESUPUESTO	RESPONSABLE	FECHA PREVISTA IMPLANTACIÓN	FECHA REAL IMPLANTACIÓN
	Exposición a sustancias nocivas/tóxicas	Manipulación inadecuada de productos químicos	Requiere evaluación especifica mediante el método COSHH Essentials del INSST (NTP 936)	Formación	5	Se solicita presupuesto al Servicio de Prevención	Jefe del SF	Inmediata	
			Formación sobre el uso adecuado de productos	Formación	5	Asumido por el Servicio de Prevención	Jefe del SF	Inmediata	
			Adecuadas instalaciones de ventilación/extracción de humos y gases	Técnica	5	Asumido por Servicio de Mantenimiento	Servicio de Mantenimiento	Inmediata	
			Facilitar gafas/guantes/ropa de protección adecuada a la tarea	EPI	5	Asumido por el Servicio de Prevención	Servicio de Prevención	Inmediata	
	Sobrecarga física postural	Posición adoptada durante la jornada laboral que pueda producir sobrecarga en el empleado	Es necesaria una evaluación especifica mediante el método REBA del INSST (NTP 601)	Evaluación especifica	5	Se solicita presupuesto al Servicio de Prevención	Jefe del SF	Inmediata	
			Informar al empleado sobre los riesgos asociados a una mala postura durante	Información	5	Asumido por el Servicio de Prevención	Jefe del SF	inmediata	

UBICACIÓN O LOCALIZACIÓN DEL RIESGO	RIESGO IDENTIFICADO	CAUSA DEL RIESGO	MEDIDA PREVENTIVA/MEDIDA CORRECTORA	TIPO DE MEDIDA	PRIORIDAD	COSTE/ PRESUPUESTO	RESPONSABLE	FECHA PREVISTA IMPLANTACIÓN	FECHA REAL IMPLANTACIÓN
			la jornada laboral						
			Instruir al empleado sobre la postura más adecuada a adoptar durante la jornada	Formación	5	Asumido por el Servicio de Prevención	Jefe del SF	Inmediata	
	Otros riesgos	Posibles defectos o averías en herramientas de trabajo	Establecer protocolos para asegurar el adecuado mantenimiento de las herramientas	Procedimiento	3	Asumido por el Servicio de Prevención	Jefe del SF	Septiembre 2024	
		Falta de información a los trabajadores sobre los riesgos asociados s u puesto	Mantener informados a los empleados sobre los riesgos asociados a las tareas que desempeñen (hojas de información, sesiones informativas)	Información	3	Asumido por el Servicio de Prevención	Jefe del SF	Septiembre 2024	
		Compartir EPI	Los EPI no deben compartirse, son de	Norma	4	Asumido por el Servicio de	Jefe del SF		

UBICACIÓN O LOCALIZACIÓN DEL RIESGO	RIESGO IDENTIFICADO	CAUSA DEL RIESGO	MEDIDA PREVENTIVA/MEDIDA CORRECTORA	TIPO DE MEDIDA	PRIORIDAD	COSTE/ PRESUPUESTO	RESPONSABLE	FECHA PREVISTA IMPLANTACIÓN	FECHA REAL IMPLANTACIÓN
			uso personal			Prevención			

Tabla 19: Planificación medidas preventivas referentes a la disciplina de Seguridad en el trabajo. *Fuente: elaboración propia.*

7.2.2.- Tabla de controles preventivos correspondientes a la evaluación realizada en Seguridad en el Trabajo

A continuación, una tabla con la planificación de los controles preventivos referentes al puesto de enfermero en su tarea de elaboración de fórmulas magistrales:

UBICACIÓN/LOCALIZACIÓN DEL RIESGO	RIESGO IDENTIFICADO	CAUSA DEL RIESGO	CONTROL PREVENTIVO	RESPONSABLE	FECHA REALIZACION CONTROL	RESULTADO DEL CONTROL	ACCION REQUERIDA SEGUN RESULTADO
Área de farmacotecnia	Caída de personas al mismo nivel	Derrames o suelos resbaladizos	Verificación del conocimiento por parte del personal de los protocolos	Jefe del SF			
			Revisión del perfecto estado de las zonas de trabajo	Servicio de Mantenimiento			
	Caída de objetos/herramientas en manipulación	Manipulación manual de objetos en inadecuadas condiciones	Control y revisión de la correcta manipulación de objetos/herramientas	Servicio de Prevención			
	Pisada sobre objetos	Falta de orden y limpieza	Revisión del adecuado mantenimiento en el área de trabajo	Servicio de Mantenimiento			

UBICACIÓN/LOCALIZACIÓN DEL RIESGO	RIESGO IDENTIFICADO	CAUSA DEL RIESGO	CONTROL PREVENTIVO	RESPONSABLE	FECHA REALIZACION CONTROL	RESULTADO DEL CONTROL	ACCION REQUERIDA SEGUN RESULTADO
	Golpes con herramientas/objetos inmóviles	Posible utilización inadecuada de herramientas	Revisión del uso adecuado de herramientas/objetos por parte del personal	Servicio de Prevención			
	Cortes por herramientas	Lesiones durante la manipulación de herramientas por mal uso	Control sobre el estricto cumplimiento de las normas de seguridad	Jefe del SF			
		Lesiones durante la manipulación de herramientas por defectos en las mismas	Correcto mantenimiento y revisión de los materiales antes de su uso	Servicio de Prevención			
		Falta o uso inapropiado de equipos de protección individual	Control sobre el uso adecuado del EPI	Servicio de Prevención			
	Proyección de fragmentos o partículas	Posibles defectos de conservación de utensilios	Comprobación de la conservación y mantenimiento de utensilios y herramientas de trabajo	Servicio de Prevención			
		Falta o uso inapropiado de equipos de protección individual	Comprobación del correcto uso del EPI	Servicio de Prevención			

UBICACIÓN/LOCALIZACIÓN DEL RIESGO	RIESGO IDENTIFICADO	CAUSA DEL RIESGO	CONTROL PREVENTIVO	RESPONSABLE	FECHA REALIZACION CONTROL	RESULTADO DEL CONTROL	ACCION REQUERIDA SEGUN RESULTADO
	Exposición a temperaturas ambientales extremas	Posible exposición a altas temperaturas dentro de la sala de elaboración	Verificación del buen estado y uso del EPI	Servicio de Prevención			
	Contactos eléctricos directos	Falta de protocolos de uso de material eléctrico	Verificación del conocimiento por parte del personal de todo protocolo/procedimiento establecido	Jefe del SF			
	Contactos eléctricos indirectos	Incorrecto mantenimiento del material	Estricto control e inspecciones de todo material eléctrico	Servicio de Mantenimiento			
	Incendios	Incendios de origen eléctrico	Correcto control y mantenimiento de instalaciones	Servicio de Mantenimiento			
		Erróneo almacenamiento de sustancias inflamables	Comprobación del correcto almacenaje de sustancias peligrosas	Servicio de Prevención			
	Iluminación	Posible iluminación inadecuada	Revisión del perfecto estado de las instalaciones de iluminación	Servicio de Mantenimiento			
	Factores psicosociales	Alta carga de trabajo	Comprobación del cumplimiento de los protocolos de organización	Jefe del SF			

UBICACIÓN/LOCALIZACIÓN DEL RIESGO	RIESGO IDENTIFICADO	CAUSA DEL RIESGO	CONTROL PREVENTIVO	RESPONSABLE	FECHA REALIZACION CONTROL	RESULTADO DEL CONTROL	ACCION REQUERIDA SEGUN RESULTADO
	Exposición a sustancias nocivas/tóxicas	Manipulación inadecuada de productos químicos	Revisión de adecuadas instalaciones de ventilación/extracción de humos y gases	Servicio de Mantenimiento			
	Sobrecarga física postural	Posición adoptada durante la jornada laboral que pueda producir sobrecarga en el empleado	Vigilancia periódica sobre el estado de salud de los empleados	Servicio de Prevención			
	Otros riesgos	Posibles defectos o averías en herramientas de trabajo	Comprobar el adecuado mantenimiento de las herramientas y utensilios de trabajo	Servicio de Prevención			
		Falta de información a los trabajadores sobre los riesgos asociados s u puesto	Comprobar que el empleado conoce y entiende los riesgos a los que está expuesto	Servicio de Prevención			
		Compartir EPI	Vigilancia sobre el uso personal del EPI	Servicio de Prevención			

Tabla 20: Planificación controles preventivos referentes a la disciplina de Seguridad en el trabajo. *Fuente: elaboración propia.*

7.3.- Planificación y controles correspondientes a la disciplina de Higiene Industrial

7.3.1.- Tabla de planificación de medidas correspondientes a la evaluación realizada en Higiene Industrial

A continuación, una tabla referente a la planificación de medidas preventivas en la disciplina de Higiene Industrial, en al puesto de enfermero elaborador d fórmulas magistrales:

UBICACIÓN O LOCALIZACIÓN DEL RIESGO	RIESGO IDENTIFICADO	CAUSA DEL RIESGO	MEDIDA PREVENTIVA/MEDIDA CORRECTORA	TIPO DE MEDIDA	PRIORIDAD	COSTE/ PRESUPUESTO	RESPONSABLE	FECHA PREVISTA IMPLANTACIÓN	FECHA REAL IMPLANTACIÓN
Tarea de elaboración de fórmulas magistrales	Exposición a agentes químicos	Exposición a agentes químicos por vía inhalatoria (fenol, yoduro de potasio y ácido tricloroacético)	A fin de eliminar por completo el peligro, se recomienda el uso de otras opciones como terapia de las afecciones que tratan estas fórmulas magistrales.	Organizativa	1	Asumido por el Servicio de Prevención	Jefe del SF	Inmediata	
			Establecer protocolos de trabajo que aseguren el correcto uso de los agentes químicos, evitando posibles errores que supongan un mayor riesgo.	Procedimiento	1	Asumido por el Servicio de Prevención	Jefe del SF	Inmediata	

UBICACIÓN O LOCALIZACIÓN DEL RIESGO	RIESGO IDENTIFICADO	CAUSA DEL RIESGO	MEDIDA PREVENTIVA/MEDIDA CORRECTORA	TIPO DE MEDIDA	PRIORIDAD	COSTE/ PRESUPUESTO	RESPONSABLE	FECHA PREVISTA IMPLANTACIÓN	FECHA REAL IMPLANTACIÓN
			Formación a los empleados sobre los riesgos asociados al uso de agentes químicos y su correcto uso.	Formación	1	Asumido por el Servicio de Prevención	Jefe del SF	Inmediata	
			Poner a disposición de los trabajadores las Fichas de Seguridad de los agentes químicos en uso.	Información	1	Asumido por el Servicio de Prevención	Jefe del SF	Inmediata	
			Uso de sistemas de extracción adecuados.	Técnica	1	Asumido por el Servicio de Mantenimiento	Servicio de Mantenimiento	Inmediata	
			Dotar de EPI adecuado, concretamente máscara autofiltrante para vapores y gases.	EPI	1	Asumido por el Servicio de Prevención	Servicio de Prevención	Inmediata	
			Formación al trabajador sobre el correcto uso de los EPI.	Formación	1	Asumido por el Servicio de Prevención	Jefe del SF	Inmediata	

UBICACIÓN O LOCALIZACIÓN DEL RIESGO	RIESGO IDENTIFICADO	CAUSA DEL RIESGO	MEDIDA PREVENTIVA/MEDIDA CORRECTORA	TIPO DE MEDIDA	PRIORIDAD	COSTE/ PRESUPUESTO	RESPONSABLE	FECHA PREVISTA IMPLANTACIÓN	FECHA REAL IMPLANTACIÓN
			Protocolizar como se debe poner y retirar el EPI.	Procedimiento	1	Asumido por el Servicio de Prevención	Jefe del SF	Inmediata	
			Etiquetado e identificación de los agentes químicos	Técnica	1	Asumido por el Servicio de Prevención	Servicio de Prevención	Inmediata	
			Establecer protocolos de actuación en caso de fugas.	Procedimiento	1	Asumido por el Servicio de Prevención	Jefe del SF	Inmediata	
			Correcto mantenimiento de sistemas de extracción	Organizativa	1	Asumido por el Servicio de Mantenimiento	Servicio de Mantenimiento	Inmediata	
			Formación a los trabajadores sobre el uso y mantenimiento de EPIs.	Formación	1	Asumido por el Servicio de Prevención	Jefe del SF	Inmediata	
			Establecer procedimientos que aseguren la aplicación y funcionamiento de las medidas	Procedimiento	1	Asumido por el Servicio de Prevención	Jefe del SF		

UBICACIÓN O LOCALIZACIÓN DEL RIESGO	RIESGO IDENTIFICADO	CAUSA DEL RIESGO	MEDIDA PREVENTIVA/MEDIDA CORRECTORA	TIPO DE MEDIDA	PRIORIDAD	COSTE/ PRESUPUESTO	RESPONSABLE	FECHA PREVISTA IMPLANTACIÓN	FECHA REAL IMPLANTACIÓN
			adoptadas (NTP 872)						

Tabla 21: Planificación medidas preventivas referentes a la disciplina de Higiene Industrial. *Fuente: elaboración propia.*

7.3.2.- Tabla de controles preventivos correspondientes a la evaluación realizada en Higiene Industrial

A continuación, una tabla de controles preventivos referentes a la disciplina de Higiene Industrial, en al puesto de enfermero elaborador d fórmulas magistrales:

UBICACIÓN/LOCALIZACIÓN DEL RIESGO	RIESGO IDENTIFICADO	CAUSA DEL RIESGO	CONTROL PREVENTIVO	RESPONSABLE	FECHA REALIZACION CONTROL	RESULTADO DEL CONTROL	ACCION REQUERIDA SEGUN RESULTADO
Tarea de elaboración de fórmulas magistrales	Exposición a agentes químicos	Exposición a agentes químicos por vía inhalatoria (**fenol, yoduro de potasio y ácido tricloroacético**)	Verificación del conocimiento por parte del personal de los protocolos de trabajo	Jefe del SF			
			Comprobación del concomimiento por parte del personal de los riesgos asociados al uso de agentes químicos y su correcto uso	Jefe del SF			
			Verificación del conocimiento y aplicabilidad por parte del personal de las Fichas de Seguridad de los agentes químicos	Jefe del SF			
			Comprobar el correcto uso del EPI por parte del trabajador.	Servicio de Prevención			
			Comprobar que el trabajador que realiza cada tarea está capacitado para ello.	Jefe del SF			
			Verificación y revisión del correcto etiquetado e identificación de los agentes químicos	Servicio de Prevención			
			Verificar que el personal conoce el protocolo de actuación en caso de fugas	Jefe del SF			
			Control biológico (revisiones médicas) del estado de salud de los empleados.	Servicio de Prevención			
			Vigilancia del buen estado y funcionamiento de los sistemas de extracción en uso.	Servicio de Mantenimiento			

UBICACIÓN/LOCALIZACIÓN DEL RIESGO	RIESGO IDENTIFICADO	CAUSA DEL RIESGO	CONTROL PREVENTIVO	RESPONSABLE	FECHA REALIZACION CONTROL	RESULTADO DEL CONTROL	ACCION REQUERIDA SEGUN RESULTADO
			Control y revisión del adecuado mantenimiento del EPI	Servicio de Prevención			
			Comprobación del conocimiento y puesta en marcha de todo procedimiento establecido	Jefe de SF			

Tabla 22: Planificación controles preventivos referentes a la disciplina de Higiene Industrial. *Fuente: elaboración propia.*

7.4.- Planificación y controles correspondientes a la disciplina de Ergonomía y Psicosociología Aplicada

7.4.1.- Tabla de planificación de medidas correspondientes a la evaluación realizada en Ergonomía y Psicosociología Aplicada

A continuación, una tabla que muestra las medias preventivas propuestas para el puesto de enfermero elaborador de fórmulas magistrales correspondiente a la disciplina de Ergonomía y Psicosociología Aplicada:

UBICACIÓN O LOCALIZACIÓN DEL RIESGO	RIESGO IDENTIFICADO	CAUSA DEL RIESGO	MEDIDA PREVENTIVA/MEDIDA CORRECTORA	TIPO DE MEDIDA	PRIORIDAD	COSTE/ PRESUPUESTO	RESPONSABLE	FECHA PREVISTA IMPLANTACIÓN	FECHA REAL IMPLANTACIÓN
Tarea de elaboración de fórmulas magistrales	Carga física	Exposición a postura forzada	Diseño ergonómico de superficies de trabajo.	Técnica	2	Asumido por el Servicio de Prevención	Servicio de Prevención	Diciembre 2024	
			Formación a los trabajadores sobre la postura más saludable a adoptar durante la jornada laboral.	Formación	2	Asumido por el Servicio de Prevención	Jefe del SF	Diciembre 2024	
			Establecer pausas y descansos evitando la carga muscular.	Organizativa	2	Asumido por el Servicio de Prevención	Jefe del SF	Diciembre 2024	
			Reducción de los tiempos de exposición.	Técnica	2	Asumido por el Servicio de Prevención	Jefe del SF	Diciembre 2024	
			Establecer rutinas de movilidad y	Organizativa	2	Asumido por el Servicio de	Jefe del SF	Diciembre 2024	

UBICACIÓN O LOCALIZACIÓN DEL RIESGO	RIESGO IDENTIFICADO	CAUSA DEL RIESGO	MEDIDA PREVENTIVA/MEDIDA CORRECTORA	TIPO DE MEDIDA	PRIORIDAD	COSTE/ PRESUPUESTO	RESPONSABLE	FECHA PREVISTA IMPLANTACIÓN	FECHA REAL IMPLANTACIÓN
			estiramientos previos a la tarea.			Prevención			
			Información al empleado sobre los riesgos de la carga física postural que soportan.	Informativa	2	Asumido por el Servicio de Prevención	Jefe del SF	Diciembre 2024	
			Alternancia de tareas con la finalidad de evitar la carga muscular (rediseño del trabajo)	Organizativa	2	Asumido por el Servicio de Prevención	Jefe del SF	Diciembre 2024	
			Adaptar las alturas de las superficies de trabajo a la tarea a elaborar.	Técnica	2	Asumido por el Servicio de Mantenimiento	Servicio de Mantenimiento	Diciembre 2024	
			Colocar los utensilios de trabajo al alcance del trabajador.	Técnica	2	Asumido por el Servicio de Mantenimiento	Servicio de Mantenimiento	Diciembre 2024	
			Uso de herramientas que mejor se adapten a la tarea (mezcladores, balanzas…).	Técnica	2	Asumido por el Servicio de Prevención	Servicio de Prevención	Diciembre 2024	
			Información al empleado sobre	Información	2	Asumido por el Servicio de	Jefe del SF	Diciembre 2024	

UBICACIÓN O LOCALIZACIÓN DEL RIESGO	RIESGO IDENTIFICADO	CAUSA DEL RIESGO	MEDIDA PREVENTIVA/MEDIDA CORRECTORA	TIPO DE MEDIDA	PRIORIDAD	COSTE/ PRESUPUESTO	RESPONSABLE	FECHA PREVISTA IMPLANTACIÓN	FECHA REAL IMPLANTACIÓN
			cómo prevenir los riesgos (hojas informativas).			Prevención			

Tabla 23: Planificación medidas preventivas referentes a la disciplina de Ergonomía y Psicosociología Aplicada. *Fuente: elaboración propia.*

7.4.2.- Tabla de controles preventivos correspondientes a la evaluación realizada en Ergonomía y Psicosociología Aplicada

A continuación, una tabla referente a los controles preventivos propuestos para el puesto de enfermero elaborador de fórmulas magistrales correspondiente a la disciplina de Ergonomía y Psicosociología Aplicada:

UBICACIÓN/LOCALIZACIÓN DEL RIESGO	RIESGO IDENTIFICADO	CAUSA DEL RIESGO	CONTROL PREVENTIVO	RESPONSABLE	FECHA REALIZACION CONTROL	RESULTADO DEL CONTROL	ACCION REQUERIDA SEGUN RESULTADO
Tarea de elaboración de fórmulas magistrales	Carga física	Exposición a postura forzada	Verificación del diseño ergonómico de las superficies de trabajo	Servicio de Prevención			
			Verificar que el personal conoce las posturas más adecuadas a adoptar durante su jornada laboral	Jefe del SF			
			Vigilancia del cumplimiento de las pausas y descansos establecidos	Jefe del SF			
			Revisiones médicas a los empleados, para monitorizar su estado de salud.	Servicio de Prevención			
			Verificar que las rutinas establecidas se cumplen de manera adecuada	Jefe del SF			
			Comprobar que el empleado conoce y comprende los riesgos	Jefe del SF			
			Controles periódicos sobre la metodología de trabajo	Jefe del SF			
			Comprobación de que las alturas de las superficies de trabajo son las adecuadas	Servicio de Prevención			
			Verificación de que todo utensilio de trabajo se encuentra al alcance del trabajador	Servicio de Prevención			
			Comprobación de que el empleado conoce como prevenir los riesgos	Jefe del SF			

Tabla 24: Planificación controles preventivos referentes a la disciplina de Ergonomía y Psicosociología Aplicada. *Fuente: elaboración propia.*

8.- BIBLIOGRAFÍA

8.1.- Legislación

- España. Ley 31/1995, de 8 de noviembre, de Prevención de Riesgos Laborales. BOE, 10 de noviembre de 1995, núm. 269, de 10/11/1995.
- España. Real Decreto 39/1997, de 17 de enero, por el que se aprueba el Reglamento de los Servicios de Prevención. BOE, 31 de enero de 1997, núm. 27, de 31/01/1997.
- España. Real Decreto 374/2001, de 6 de abril, sobre la protección de la salud y seguridad de los trabajadores contra los riesgos relacionados con los agentes químicos durante el trabajo. BOE, 1 de mayo de 2001, núm. 104, de 01/05/2001.
- España. Real Decreto 1215/1997, de 18 de julio, por el que se establecen las disposiciones mínimas de seguridad y salud para la utilización por los trabajadores de los equipos de trabajo. Boletín Oficial del Estado, 188, sec. I, de 7 de agosto de 1997, p. 24063 a 24070. Recuperado de https://www.boe.es/eli/es/rd/1997/07/18/1215
- España. Real Decreto 1277/2003, de 10 de octubre, por el que se establecen las bases generales sobre autorización de centros, servicios y establecimientos sanitarios. Boletín Oficial del Estado, 254, sec. I, de 23 de octubre de 2003, p. 37893 a 37902. Recuperado de https://www.boe.es/eli/es/rd/2003/10/10/1277.
- España. Real Decreto 1215/1997, de 18 de julio, por el que se establecen las disposiciones mínimas de seguridad y salud para la utilización por los trabajadores de los equipos de trabajo. Boletín Oficial del Estado, 188, sec. I, de 7 de agosto de 1997, p. 24063 a 24070. Recuperado de https://www.boe.es/eli/es/rd/1997/07/18/1215
- España. Ley 25/1990, de 20 de diciembre, del Medicamento. BOE, 22 de diciembre de 1990 núm. 306, 22/12/1990.

8.2.- Guías, criterios y documentos técnicos

- AENOR. Norma Española UNE-EN 689:1996. Atmósferas en el lugar de trabajo, directrices para la evaluación de la exposición por inhalación de agentes químicos para la comparación con los valores límite y estrategia de la medición. UNE, 24 de marzo de 1996, núm. UNE-EN 689:1996, de 24/03/1996.

- Instituto Nacional de Seguridad y Salud en el Trabajo (INSST) (2012). NTP 936. Agentes químicos: evaluación cualitativa y simplificada del riesgo por inhalación (II). Modelo COSHH Essentials.

- AENOR. Norma Española UNE-EN 689:2019+AC. Exposición en el lugar de trabajo, medición de la exposición por inhalación de agentes químicos, estrategia para verificar la conformidad con los valores límites de exposición profesional. UNE, 10 de julio de 2019, núm. UNE-EN 689:2019+AC, de 10/07/2019.

- Instituto Nacional de Seguridad y Salud en el Trabajo (INSST) (2001). NTP 587: Evaluación de la exposición a agentes químicos: condicionantes analíticos.

- Instituto Nacional de Seguridad y Salud en el Trabajo (INSST) (2010). NTP 872. Agentes químicos: Aplicación de medidas preventivas al efectuar la evaluación simplificada por exposición inhalatoria.

- Instituto Nacional de Seguridad y Salud en el Trabajo (INSST) (2001). NTP 601. Evaluación de las condiciones de trabajo: carga postural. Método REBA (Rapid Entire Body Assessment).

- Diego-Mas, José Antonio. Evaluación postural mediante el método REBA. Ergonautas, Universidad Politécnica de Valencia, 2015. Disponible online: https://www.ergonautas.upv.es/metodos/reba/reba-ayuda.php

- Instituto Nacional de Seguridad y Salud en el Trabajo (INSST) (2022). Guía técnica para la evaluación y prevención de los riesgos relacionados con los agentes químicos presentes en los lugares de trabajo.

- Instituto Nacional de Seguridad y Salud en el Trabajo (INSST) (2022). Guía técnica para la utilización por los trabajadores de equipos de protección individual.

- Instituto Nacional de Seguridad y Salud en el Trabajo (INSST) (2015). Guía técnica para la evaluación y la prevención de los riesgos relativos a la utilización de los lugares de trabajo.

- Instituto Nacional de Seguridad y Salud en el Trabajo (INSST). Límites de Exposición Profesional para agentes químicos en España 2024. https://bdlep.insst.es/LEP/ [Consulta: 10/04/2024].

9.- ANEXOS

Anexo 1. Valores Límite de Exposición Profesional 2024.

GOBIERNO DE ESPAÑA MINISTERIO DE TRABAJO Y ECONOMÍA SOCIAL insst Instituto Nacional de Seguridad y Salud en el Trabajo

LÍMITES DE EXPOSICIÓN PROFESIONAL 2024

Fenol

Nº CAS: **108-95-2**

Nº CE: **203-632-7**

Año de incorporación o actualización: **2012**

Valores Límite Ambientales

VLA-ED®		VLA-EC®	
2 ppm	8 mg/m³	4 ppm	16 mg/m³

GOBIERNO DE ESPAÑA MINISTERIO DE TRABAJO Y ECONOMÍA SOCIAL insst Instituto Nacional de Seguridad y Salud en el Trabajo

LÍMITES DE EXPOSICIÓN PROFESIONAL 2024

Yoduros

Año de incorporación o actualización: **2021**

Valores Límite Ambientales

VLA-ED®		VLA-EC®	
0,01 ppm	0,1 mg/m³	---	---

LÍMITES DE EXPOSICIÓN PROFESIONAL 2024

Ácido tricloroacético

Nº CAS: **76-03-9**

Nº CE: **200-927-2**

Valores Límite Ambientales

VLA-ED®		VLA-EC®	
1 ppm	6,8 mg/m^3	---	---

FSC
www.fsc.org
MIX
Papier | Fördert gute Waldnutzung
FSC® C083411

Kolibri 360 GmbH
Ferdinand-Jühlke-Straße 7
99095 Erfurt, Deutschland
produktsicherheit@kolibri360.de

Druck:
CPI Druckdienstleistungen GmbH
im Auftrag der
Kolibri 360 GmbH
Ferdinand-Jühlke-Str. 7
99095 Erfurt